PARA CONHECER
Sociolinguística

COLEÇÃO
PARA CONHECER

Aquisição da Linguagem
Elaine Grolla e *Maria Cristina Figueiredo Silva*

Fonética e Fonologia do Português Brasileiro
Izabel Christine Seara, Vanessa Gonzaga Nunes e *Cristiane Lazzarotto-Volcão*

Linguística Computacional
Marcelo Ferreira e *Marcos Lopes*

Morfologia
Maria Cristina Figueiredo Silva e *Alessandro Boechat de Medeiros*

Norma Linguística
Carlos Alberto Faraco e *Ana Maria Zilles*

Pragmática
Luisandro Mendes de Souza e *Luiz Arthur Pagani*

Semântica
Ana Quadros Gomes e *Luciana Sanchez Mendes*

Sintaxe
Eduardo Kenedy e *Gabriel de Ávila Othero*

Sociolinguística
Izete Lehmkuhl Coelho, Edair Maria Görski, Christiane Maria N. de Souza e *Guilherme Henrique May*

Coordenadores da coleção
Renato Miguel Basso
Izete Lehmkuhl Coelho

Proibida a reprodução total ou parcial em qualquer mídia
sem a autorização escrita da editora.
Os infratores estão sujeitos às penas da lei.

A Editora não é responsável pelo conteúdo deste livro.
Os Autores conhecem os fatos narrados, pelos quais são responsáveis,
assim como se responsabilizam pelos juízos emitidos.

Consulte nosso catálogo completo e últimos lançamentos em **www.editoracontexto.com.br**.

Izete Lehmkuhl Coelho
Edair Maria Görski
Christiane Maria N. de Souza
Guilherme Henrique May

PARA CONHECER
Sociolinguística

editora**contexto**

Copyright © 2015 Izete Lehmkuhl Coelho
Todos os direitos desta edição reservados à
Editora Contexto (Editora Pinsky Ltda.)

Montagem de capa e diagramação
Gustavo S. Vilas Boas

Preparação de textos
Lilian Aquino

Revisão
Daniela Marini Iwamoto

Dados Internacionais de Catalogação na Publicação (CIP)
(Câmara Brasileira do Livro, SP, Brasil)

Para conhecer sociolinguística / Izete Lehmkuhl Coelho...[et al.]. – 1. ed., 5ª reimpressão. – São Paulo : Contexto, 2023. – (Coleção para conhecer linguística)

Outros autores: Edair Maria Görski, Christiane Maria N. de Souza, Guilherme Henrique May
ISBN 978-85-7244-890-1

1. Linguagem e línguas 2. Sociolinguística 3. Sociolinguística na educação I. Coelho, Izete Lehmkuhl. II. Görski, Edair Maria. III. Souza, Christiane Maria N. de. IV. May, Guilherme Henrique. V. Série.

14-13482   CDD-401.4

Índice para catálogo sistemático:
1. Sociolinguística 401.4

2023

Editora Contexto
Diretor editorial: *Jaime Pinsky*

Rua Dr. José Elias, 520 – Alto da Lapa
05083-030 – São Paulo – SP
PABX: (11) 3832 5838
contato@editoracontexto.com.br
www.editoracontexto.com.br

SUMÁRIO

APRESENTAÇÃO 7

O ESTUDO DA LINGUAGEM NO CONTEXTO SOCIAL 11
    Objetivos gerais do capítulo 11
    1. Conhecendo a Sociolinguística 11
        1.1 Que Sociolinguística é essa? 13
        1.2 Primeiras noções: variedade, variação, variável e variante 14
        1.3 As forças que agem sobre a língua: os condicionadores 19
    2. A variação vista de dentro da língua 23
        2.1 O lugar da variação dentro da língua: os níveis de análise linguística ... 23
        2.2 As forças de dentro da língua: os condicionadores internos 32
    3. A variação vista de fora da língua 37
        3.1 O lugar da variação fora da língua e as forças externas:
            os tipos de variação e os condicionadores extralinguísticos 38
        3.2 Variação e identidade: o caso de Martha's Vineyard 49
    4. Fechando este capítulo 52
    • Leituras complementares 52
    • Exercícios 53

A TEORIA DA VARIAÇÃO E MUDANÇA LINGUÍSTICA 55
    Objetivos gerais do capítulo 55
    1. Da Linguística à *Socio*linguística 55
    2. Pressupostos teóricos 59
        2.1 A língua como sistema heterogêneo 59
        2.2 As formas variantes como portadoras de significado social 64
        2.3 A comunidade como *locus* do estudo da língua 67
        2.4 As relações entre variação e mudança 70

3. Problemas empíricos para uma teoria da mudança 76
   3.1 O problema da restrição 77
   3.2 O problema do encaixamento 79
   3.3 O problema da transição 84
   3.4 O problema da avaliação 91
   3.5 O problema da implementação 93
- Leituras complementares 96
- Exercícios 96

METODOLOGIA DA PESQUISA SOCIOLINGUÍSTICA 99
Objetivos gerais do capítulo 99
1. Colocando a mão na massa: o fazer empírico 99
   1.1 Em busca dos informantes 100
   1.2 À cata de dados 102
   1.3 Fechando o cerco: o envelope de variação 119
   1.4 Quebrando a cabeça: perguntas e respostas 122
   1.5 Misturando letras e números: preliminares da análise estatística ... 124
2. O resultado: retrato de um fenômeno em variação 127
- Leituras complementares 133
- Exercícios 133

VARIAÇÃO LINGUÍSTICA E ENSINO DE LÍNGUA 135
Objetivos gerais do capítulo 135
1. A proposta dos PCN para o ensino de língua portuguesa 135
2. A tradição gramatical escolar *versus* a (Socio)Linguística 138
   2.1 Algumas questões sobre norma 139
   2.2 Polêmicas em torno da língua portuguesa 142
   2.3 Algumas questões sobre a noção de "erro" 148
3. Em que pode a Sociolinguística contribuir para o ensino de língua? ... 152
4. Uma proposta para a prática do professor-pesquisador 159
- Leituras complementares 162
- Exercícios 163

CONSIDERAÇÕES FINAIS 165
BIBLIOGRAFIA 169
OS AUTORES 173

APRESENTAÇÃO

Que atire a primeira pedra quem nunca ouviu (ou fez) comentários como "português é muito difícil", quem nunca se divertiu com o sotaque caricato dos personagens das novelas ou quem nunca censurou alguém por uma palavra ou expressão "errada". Quase invariavelmente, se falamos uma língua, falamos *sobre* ela, reconhecemos essa língua como um mecanismo para demarcar identidade(s), mostrar "bons modos" ou provocar escárnio. Ora, mesmo que inconscientemente, sabemos que as línguas têm funções que vão muito além do "transmitir ideias". Quando interagimos via linguagem, operamos com regras que estabelecem relações muito refinadas entre as formas que empregamos, a interação dessas formas com o restante do sistema linguístico, os papéis sociais que desempenhamos, nossa relação com o interlocutor, entre muitos outros fatores. É esse conhecimento que nos permite falar de um modo com os amigos e de outro com o chefe, que nos permite reconhecer com muita precisão a origem de uma pessoa após trocar poucas palavras com ela e que permite a continuidade de julgamentos nem sempre justos.

A grande responsável por essa propriedade das línguas é a *variação*. Numa língua, não existe apenas uma forma para cada significado. O que existe são *variantes*, um conjunto de opções do qual retiramos as formas que empregamos ao falar e ao escrever. Essa escolha, contudo, não é aleatória: há motivações de toda ordem nos guiando no constante processo de formulação linguística. Um exemplo claro é o da monotongação, processo em que um ditongo, como *ou* em *pouco*, *ei* em *feira* ou *ai* em *caixa* é reduzido a um único som (*poco, fera, caxa*). Podemos pensar que não há uma regra por trás desse processo, mas por que será, então, que os ditongos em *falei* ou *baita* aparentemente não sofrem essa redução? Ou por que será que, em contextos formais, em que monitoramos mais nossa fala, a monotongação não ocorre com tanta frequência quanto na fala espontânea?

As regularidades que encontramos na variação são o principal foco de interesse de uma área específica de estudos, que busca desvendar o comportamento de fenômenos variáveis dentro da própria língua e fora dela, em seu contato com a sociedade. Essa área é a *Sociolinguística*.

A variação ocorre em todos os níveis linguísticos (fonológico, morfológico, sintático, semântico-lexical, discursivo), atestando a visão de língua como um sistema heterogêneo. É essa propriedade das línguas – a de que, afinal, não falamos todos da mesma forma – que investigam os estudos sociolinguísticos, e é dela que nos ocuparemos ao longo deste livro. Para alguns, pode parecer óbvio que a variação (bem como a mudança nas línguas) conste no programa de investigações da Linguística. Contudo, veremos que os quadros teóricos de maior projeção no último século não consideravam necessário – nem possível – o estudo da variação e da mudança para a compreensão de como as línguas funcionam. O surgimento de uma proposta de análise sistemática desses fenômenos representa, portanto, um importante marco no desenvolvimento da ciência linguística, e já nos trouxe valiosos conhecimentos acerca de como se comporta a variabilidade nas línguas. Esses conhecimentos, por sua vez, contribuem para o entendimento de questões como a do preconceito linguístico e para a construção de uma prática pedagógica consciente e reflexiva acerca dos usos linguísticos no ensino de língua materna. Já não temos aí motivos suficientes para conhecer um pouco mais essa área?

Além disso, a Sociolinguística tem como interesse básico o estudo de outro fenômeno das línguas: o da *mudança*. Se a variação envolve a coexistência de formas para a expressão de um significado, a mudança diz respeito a como, nessa disputa de forças, certas formas tornam-se cada vez mais correntes, levando outras à obsolescência. É a mudança a responsável por, afinal, sermos falantes de português, e não mais de latim – na verdade, ainda somos falantes de latim, mas de um latim que já passou por tantas mudanças e que já se envolveu em cenários históricos e políticos tão diversos que acabou recebendo um novo rótulo: "português". A mudança linguística, assim como a variação, não é resultado de uma deriva aleatória, e a sistematicidade desse processo constitui outra das grandes frentes da teoria de que iremos tratar neste livro. Falaremos dos princípios básicos da mudança linguística, dos problemas que se impõem ao investigador e dos métodos para, enfim, revelar a ordem do suposto caos.

Dividimos nosso caminho pela Sociolinguística em quatro capítulos. No primeiro, introduzimos conceitos básicos dessa interessante proposta de estudos e tratamos das forças internas e externas que atuam sobre a língua. No segundo capítulo, situamos a Sociolinguística no contexto mais amplo dos estudos linguísticos do último século e apresentamos os princípios fundamentais da Teoria da Variação e Mudança. Na terceira parte de nosso percurso, aprendemos como "pôr a mão na massa" em uma pesquisa sociolinguística, examinando suas etapas principais. Por fim, no quarto e último capítulo, trazemos reflexões e sugestões de como o conhecimento advindo da pesquisa em Sociolinguística pode (e deve) contribuir para a nossa prática pedagógica em língua materna, a fim de atingirmos um ensino cada vez mais efetivo e menos segregador. Há, ainda, ao final de cada capítulo, uma série de atividades sobre os conteúdos abordados no texto. As respostas estão disponíveis na página eletrônica da Editora Contexto (https://www.editoracontexto.com.br/produto/para-conhecer-sociolinguistica/1493518).

Esperamos que este livro, além de apresentar os pressupostos básicos da teoria e da metodologia sociolinguística, suscite muitos questionamentos e muitas reflexões!

O ESTUDO DA LINGUAGEM NO CONTEXTO SOCIAL

Objetivos gerais do capítulo:

- Conhecendo a Sociolinguística – o objeto de estudo e conceitos básicos da área;
- A variação vista de dentro da língua – os níveis linguísticos em que ocorre variação e os condicionadores internos à língua;
- A variação vista de fora da língua – os tipos de variação linguística e sua relação com os condicionadores externos à língua.

1. CONHECENDO A SOCIOLINGUÍSTICA

Neste capítulo, vamos dar os primeiros passos no conhecimento da Sociolinguística. Começamos apresentando algumas ideias que fundamentam esse conhecimento, e para isso nos referiremos constantemente ao mundo das pesquisas feitas nessa área, pois é através dele que vamos elencar alguns conceitos necessários para as discussões que teremos ao longo de todo este livro.

Antes mesmo de tomarmos contato com esses estudos, é preciso nos desfazermos de algumas eventuais noções pré-concebidas. É necessário, por exemplo, abandonar a ideia de que a língua é uma estrutura pronta, acabada, que não é suscetível a variar e a mudar. É necessário também entender que a realidade das pessoas que usam a língua – os falantes – tem uma influência muito grande na maneira como elas falam e na maneira como avaliam a língua que usam e, especialmente, a língua usada pelos outros. Para conhecer a Sociolinguística, é necessário, antes de mais nada, "abrir a cabeça" para aceitar a língua que está sendo usada à nossa volta como um objeto legítimo de estudo.

À primeira vista, pode parecer difícil imaginar que a língua, com seu caráter variável e mutável, como estamos afirmando, seja um objeto de estudo científico, já que estudos científicos são, em geral, baseados em sistematizações, em resultados concretos, no estabelecimento de regras. Mas esperamos que, ao fim deste capítulo, fique evidente que procurar regras – que muitas e muitas vezes se diferem das regras *prescritas* em gramáticas normativas e manuais de "bom uso" da língua – é um dos objetivos da Sociolinguística, e que é possível depreender regras da língua, mesmo diante de todas as suas mudanças e variabilidades.

Iniciemos o exame dessa área de estudos pensando no seu nome: *Sociolinguística*. Quando ouvimos essa palavra, possivelmente imaginamos que ela tenha algo a ver com *Linguística* e também com *social*. De fato, como o nome sugere, a Sociolinguística é uma área da Linguística que estuda a relação entre a língua que falamos e a sociedade em que vivemos.

Vamos refletir um pouco sobre essa relação. Pensemos nas pessoas à nossa volta, aquelas que pertencem à nossa família, aquelas que encontramos na universidade, no trabalho, no supermercado. Elas falam todas da mesma maneira?

Se pensarmos bem, talvez tenhamos duas respostas a oferecer para essa pergunta. Uma delas é *sim*, as pessoas à nossa volta falam todas da mesma forma. Tanto é verdade que elas se entendem perfeitamente. Todas (à exceção das estrangeiras, e olhe lá!) falam português. Se for o caso, até podemos especificar: todas elas falam o *português brasileiro*.

Ou então *não*, elas falam todas de maneira diferente. Umas pronunciam todos os 'S' (provavelmente aquelas que passaram mais anos na escola), outras têm sotaques diferentes e outras ainda usam palavras cujo significado talvez não conheçamos, por se tratar de expressões de uma determinada região do país ou que são usadas por uma geração diferente da nossa.

Pois bem, as duas respostas estão corretas. As pessoas à nossa volta se comunicam sem maiores problemas; mais do que isso, a língua falada é, muitas vezes, o maior e melhor instrumento que elas têm para se entender, um instrumento capaz de desfazer mal-entendidos causados por um olhar ou um gesto, por exemplo. Isso quer dizer que elas falam da mesma maneira. Contudo, cada grupo social apresenta características no seu falar que são condicionadas por sua origem, sua idade, sua escolaridade, entre outros fatores. Isso quer dizer que as pessoas à nossa volta falam de diferentes maneiras.

As conclusões que podemos tirar dessa aparente "pegadinha" são que, primeiramente, **a língua é um sistema** organizado – tão organizado que seus falantes se comunicam perfeitamente entre si, não importando se um mora no interior de São Paulo e o outro na capital do Rio Grande do Sul, se um tem 6 anos de idade e o outro 60, se um tem curso superior e o outro ensino fundamental. Em segundo lugar, podemos concluir que **a língua varia**, e essa variação decorre de fatores que estão presentes na sociedade – além de fatores que podem ser encontrados dentro da própria língua, conforme veremos mais adiante.

A Sociolinguística se ocupa desses fatores, da pressão que eles exercem sobre a língua que falamos e da maneira que as pessoas percebem e avaliam a língua. É dessa forma que os sociolinguistas estudam a relação entre língua e sociedade.

Notemos que as duas conclusões a que chegamos não são incompatíveis entre si: na Sociolinguística, entendemos a língua como um sistema de regras, mas algumas regras são categóricas (regras que sempre se aplicam da mesma forma) e outras são variáveis (regras que se aplicam de modo variado).

É com essas questões, fundamentalmente, que vamos nos deparar ao longo deste livro. Para lidar com elas, vamos primeiro nos equipar com algumas ideias e conceitos básicos.

1.1 Que Sociolinguística é essa?

Quando começamos este capítulo, dissemos que a Sociolinguística é *uma* área da Linguística que estuda a relação entre a língua que falamos e a sociedade em que vivemos; não afirmamos que a Sociolinguística é *a* área que estuda essa relação. Existem outros campos dentro das ciências da linguagem que se dedicam, de alguma forma, ao estudo da língua no contexto social, como a Linguística Histórica, a Análise do Discurso e a Linguística Aplicada.

Além de perceber que a Sociolinguística não é a única área da Linguística que se ocupa da relação entre língua e sociedade, é importante que tenhamos consciência de que *Sociolinguística* é um termo bastante amplo, que engloba diferentes formas de olhar para essa relação. É importante ter em mente que, neste livro, trataremos da teoria e do método de uma Sociolinguística em especial: a **Sociolinguística Variacionista**. Essa área atende também por outros nomes: (i) **Sociolinguística Laboviana**, porque seu principal expoente é o linguista norte-americano William Labov; (ii) **Sociolinguística Quantitativa**, porque, a princípio, os pesquisadores dessa área costumam lidar com uma grande quantidade de dados de usos da língua, o que requer normalmente uma análise estatística; e (iii) **Teoria da Variação e Mudança Linguística**, por conta de suas principais preocupações: a variação e a mudança na língua.

Para avançarmos em nosso estudo sobre *essa* Sociolinguística – à qual nos remeteremos por todos os seus rótulos indistintamente –, vamos começar apresentando as noções de *variedade, variação, variável* e *variante*. Em seguida, veremos que, em se tratando de língua, tudo o que acontece tem uma explicação, que encontramos dentro ou fora dela – existem *forças* que agem sobre a língua e a influenciam continuamente.

1.2 Primeiras noções: variedade, variação, variável e variante

Para entender o conceito de *variedade*, voltemos a pensar na fala das pessoas de nossa família, de nossa universidade, de nosso trabalho e do supermercado que frequentamos. Já concluímos que elas falam de uma única maneira, e também que falam de maneiras diferentes. Mas o que faz a fala dessas pessoas parecer igual ou diferente?

Certamente, o que une a fala das pessoas em quem pensamos é o fato de elas falarem português. Observamos também que, embora todas elas falem a mesma língua, existem algumas características que diferenciam a fala de um determinado grupo social da fala de outro grupo.

Damos o nome de **variedade** à fala característica de determinado grupo. A partir de critérios geográficos, podemos isolar, por exemplo, a variedade gaúcha, a variedade manauara e a variedade da Zona Leste da cidade de São Paulo; a partir de critérios sociais, podemos pensar, por exemplo, na variedade dos falantes mais escolarizados, na variedade dos falantes mais jovens e na variedade das mulheres; também podemos escolher outros critérios, como a ocupação/profissão (a variedade dos advogados, por exemplo) ou algum hábito que unifique os falantes (a variedade dos falantes que acessam determinada rede social na internet com frequência, por exemplo). Podemos, ainda, combinar diferentes critérios para chegar às variedades: pode-se falar na variedade dos pescadores de Florianópolis, na variedade das donas de casa do interior do estado de São Paulo, na variedade dos jovens *rappers* da cidade do Rio de Janeiro e assim por diante.

É importante destacar que temos uma variedade específica a que os sociolinguistas se referem com certa frequência: a *variedade culta*.

Variedade culta

A variedade culta é normalmente associada às camadas mais altas da pirâmide social. É, em geral, a língua usada pelos falantes mais escolarizados, com maior remuneração e que moram em centros urbanos. Essas pessoas, por seu *status*, comumente gozam de prestígio social, e esse prestígio é transferido para a sua fala.

É evidente que não se trata de uma delimitação exata de um grupo de falantes. Se considerarmos a realidade brasileira, veremos que há pessoas com alta remuneração e pouca escolaridade, outras com alta escolaridade e baixa remuneração, moradores de áreas rurais com propriedades de alto valor e assim por diante. Como qualquer outra variedade, a variedade culta também apresenta variações – basta pensar que as variedades, ainda que agreguem falantes com características (geográficas, sociais etc.) em comum, não são homogêneas. Por esse motivo é que podemos considerar a existência de algumas variedades cultas – e é essa a perspectiva que adotamos daqui por diante neste livro.

Na Sociolinguística Variacionista, *dialeto* e *falar* são sinônimos de *variedade*. É importante observar que *dialeto*, aqui, não corresponde a uma variedade "inferior" ou estigmatizada de uma língua, mas sim – como é equivalente a *variedade* – ao falar característico de determinado grupo social e/ou regional.

Vamos agora tratar de outros conceitos a partir da reflexão sobre alguns fenômenos variáveis no português do Brasil, que são muito mais frequentes do que se pode imaginar.

Um fenômeno em variação bastante perceptível é o da alternância entre os pronomes pessoais 'tu' e 'você' para a expressão pronominal de segunda pessoa (P2).

> Utilizamos neste livro a nomenclatura de Mattoso Camara Jr. (1987 [1970]) para nos referirmos às pessoas do discurso: P1 para 'eu', P2 para 'tu'/'você', P3 para 'ele(a)', P4 para 'nós'/'a gente', P5 para 'vós'/'vocês' e P6 para 'eles(as)'. As formas identificadas como P1 e P4 correspondem ao eixo do falante (ou daquele que escreve), as formas P2 e P5 correspondem ao eixo do ouvinte (ou daquele que lê) e as formas P3 e P6, aos que estão fora do eixo falante-ouvinte.

Se prestarmos atenção, veremos que, dependendo da origem de uma pessoa ou, por vezes, do grau de formalidade com o qual ela nos trata, podemos ouvi-la se referindo a nós tanto por 'tu' quanto por 'você'. A alternância entre as duas formas pode ser percebida, por exemplo, em entrevistas na TV ou quando conversamos online com amigos num *chat*. As formas são diferentes, mas não há dúvida de que ambas estão sendo usadas com o mesmo propósito: o de referir à segunda pessoa (P2). O que ocorre aí nada mais é do que o fenômeno que discutimos até agora: a **variação linguística**.

A variação linguística é o processo pelo qual duas formas podem ocorrer no mesmo contexto com o mesmo valor referencial/representacional, isto é, com o mesmo significado. Para um sociolinguista, o fato de em uma comunidade, ou mesmo na fala de um único indivíduo, conviverem tanto a forma 'tu' quanto a forma 'você' não pode ser considerado marginal, acidental ou irrelevante em termos de pesquisa e de avanço de conhecimento. A variação é inerente às línguas, e não compromete o bom funcionamento do sistema linguístico nem a possibilidade de comunicação entre os falantes – o que podemos perceber quando observamos que as pessoas à nossa volta falam de maneiras diferentes, mas sempre se entendendo perfeitamente.

De fato, palavras ou construções em variação, em vez de comprometerem o mútuo entendimento, são ricas em significado *social* e têm o poder de comunicar a nossos interlocutores mais do que o significado referencial/representacional pelo qual "disputam". As diferentes formas que empregamos ao falar e ao escrever dizem, de certo modo, quem somos: dão pistas a quem nos ouve ou lê sobre o local de onde viemos, o quanto estamos inseridos na cultura letrada dominante de nossa sociedade, quando nascemos, com que grupo nos identificamos, entre várias outras informações.

É essa realidade que o sociolinguista tenta captar, sem qualquer tipo de ideia pré-concebida, tanto como linguista – erroneamente considerando, por exemplo, que a variação é mero acidente na língua, que não pode ser estudada com rigor – quanto como cidadão – equivocadamente acreditando, por exemplo, que um falante que diz 'nós vai' tem menos capacidade de pensar e de se expressar do que o falante que diz 'nós vamos'. A postura aberta à pesquisa e isenta de preconceitos é, como este livro busca demonstrar, uma das maiores contribuições que a Sociolinguística tem a nos fazer quando trabalhamos com o ensino de língua materna e quando tentamos compreender e, sobretudo, combater o *preconceito linguístico* em nossa sociedade.

Esse é o olhar sobre a língua e sobre a variação linguística que um sociolinguista adota ao trabalhar com dados produzidos por falantes em uma comunidade. Seu objetivo é descobrir quais os mecanismos que regulam a variação, como ela interage com os outros elementos do sistema linguístico e da matriz social em que ocorre e como a variação pode levar à mudança na língua.

E quais são os meios pelos quais atingimos esses objetivos? Bem, a pesquisa sociolinguística variacionista envolve uma metodologia refinada, com etapas bem definidas, cujo objetivo é colher corretamente os dados que servirão como fonte das análises e tratá-los de modo adequado para que cheguemos a resultados e conclusões confiáveis – como veremos no capítulo "Metodologia da pesquisa sociolinguística".

Retomemos nosso exemplo de variação para estabelecermos uma distinção importante: aquela entre *variável* e *variante*. Comumente chamamos de **variável** o lugar na gramática em que se localiza a variação, de forma mais abstrata; no exemplo visto anteriormente, em que mencionamos a variação entre os pronomes 'tu' e 'você', a variável com a qual estamos lidando é a "expressão pronominal de P2". Chamamos de **variantes** as formas individuais que "disputam" pela expressão da variável – no caso, os pronomes 'tu' e 'você'.

Variantes

Dois requisitos devem ser cumpridos para que duas ou mais formas possam ser chamadas *variantes*:
1. Elas devem ser intercambiáveis no mesmo contexto;
2. Elas devem manter o mesmo significado referencial/representacional.

Como ilustração, vejamos mais um fenômeno variável do português falado no Brasil: a monotongação dos ditongos decrescentes.

Pensemos na palavra 'peixe'. Temos duas pronúncias possíveis para essa palavra: *peixe* e *pexe*. Note-se que, independentemente da pronúncia, o significado referencial/representacional da palavra se mantém: tanto *peixe* quanto *pexe* se referem a um animal vertebrado, aquático, que respira por brânquias. Logo, nesse exemplo, estamos diante de duas variantes de uma variável: o ditongo [ey] e a vogal [e]. Elas são intercambiáveis, ou seja, podem ser trocadas uma pela outra, sem prejuízo da manutenção do significado referencial/representacional.

Se pensarmos no ditongo [ey] na palavra 'peito', será que temos o mesmo caso?

Vejamos. Se pronunciarmos [e] no lugar de [ey], teremos a palavra 'peto', que não tem o mesmo significado de 'peito'. 'Peto', de acordo com o dicionário Houaiss, tem quatro acepções e nenhuma delas coincide com o significado de 'peito', que é uma parte do corpo. Nesse caso, portanto, o ditongo [ey] e a vogal [e] não são variantes de uma mesma variável, pois se trocarmos uma pronúncia pela outra não manteremos o mesmo significado referencial/representacional.

Em um caso de variação, as formas variantes costumam receber valores distintos pela comunidade. Trabalharemos com o significado social das variantes no capítulo seguinte, mas por enquanto vale estabelecermos a diferença entre **variantes padrão** e **não padrão**. As variantes padrão são, *grosso modo*, as que pertencem às *variedades cultas* da língua; já as variantes não padrão costumam se afastar dessas variedades. Mesmo que não seja a variante mais usada por uma comunidade, a variante padrão é, em geral, a variante **de prestígio**, enquanto a não padrão é muitas vezes **estigmatizada** – pode haver comentários negativos à forma ou aos falantes que a empregam. Ademais, as variantes padrão tendem a ser **conservadoras**, fazendo parte do repertório linguístico da comunidade há mais tempo, ao passo que as variantes não padrão tendem a ser **inovadoras**.

> **Variantes padrão e não padrão: uma ressalva**
>
> Observamos que a variante padrão tende a ser prestigiada e conservadora, ao passo que a variante não padrão tende a ser estigmatizada e inovadora. Vale ressaltar, contudo, que essas são *tendências* – nem sempre a realidade que observamos reflete essas tendências. Vejamos o caso, por exemplo, da variável "expressão pronominal de P4", cujas variantes são, atualmente, os pronomes 'nós' e 'a gente'. Claramente, a variante padrão é 'nós'. Ela goza de prestígio e é a forma conservadora, que está há mais tempo na língua. Por sua vez, 'a gente' é a variante não padrão, que sofre mais estigma e é inovadora. Note-se, contudo, que o estigma de 'a gente' tem se perdido e que essa variante tem sido usada também em contextos mais formais, nos quais figurava apenas a forma 'nós'. Estamos vendo, portanto, a *tendência* que mostramos anteriormente sendo relativizada.

Mais um aspecto importante relacionado à variação é o fato de que ela não está limitada a apenas um dos níveis da gramática: quando tratamos da dimensão interna da variação linguística, encontramos variação no nível fonológico, bem como no morfológico, no sintático, no lexical e no discursivo. Ocorrem, ainda, fenômenos variáveis situados no que podemos chamar de *interfaces* de níveis, como o nível morfossintático e o morfofonológico.

Agora que já tratamos dos conceitos de *variação*, de *variedade*, de *variável* e de *variante*, passemos ao exame dos meios pelos quais as formas variantes de uma variável entram em disputa pela expressão de um significado: os *condicionadores linguísticos* e *sociais*.

1.3 As forças que agem sobre a língua: os condicionadores

Já sabemos que a variação ocorre em todos os níveis da gramática e que falantes pertencentes a grupos diferentes (determinados por questões sociais e geográficas, entre outras) irão apresentar diferentes variedades. A essa altura, é pertinente nos questionarmos: a variação linguística é aleatória, acontece por acaso? Ou existe algo que motive um grupo ou mesmo um indivíduo a falar da maneira como fala?

A primeira resposta é *não*, a variação linguística não é aleatória, não acontece por acaso. Existem *regras* que a regem – e é por isso que os falantes se compreendem entre si, mesmo que sua fala seja variável. A segunda resposta é que existem forças dentro e fora da língua que fazem um grupo de pessoas ou um único indivíduo falar da maneira como fala. A essas forças damos o nome de **condicionadores**.

Os condicionadores, em um caso de variação, são os fatores que regulam, que *condicionam* nossa escolha entre uma ou outra variante. É o controle rigoroso desses fatores que nos permite avaliar em que tipo de ambiente, tanto linguístico quanto extralinguístico, uma variante tem maior probabilidade de ser escolhida em detrimento de sua(s) "rival(is)".

Os condicionadores ajudam o analista a delimitar quais são os contextos mais propícios para a ocorrência das variantes em estudo. Eles são divididos em dois grandes grupos, em função de serem mais ligados a aspectos *internos* da língua ou *externos* a ela. No primeiro caso, são também chamados de condicionadores *linguísticos*. Como exemplos, temos a ordem dos constituintes em uma sentença, a classe das palavras envolvidas no fenômeno em variação, aspectos semânticos etc. No segundo caso, são também chamados de condicionadores *extralinguísticos*. Entre os condicionadores extralinguísticos de natureza social, os mais comuns são o sexo/gênero, o grau de escolaridade e a faixa etária do informante.

Um pouco de terminologia

Mencionamos que a pesquisa sociolinguística, em geral, lida com uma quantidade considerável de dados, o que requer uma análise estatística. O linguajar próprio do método estatístico é, por vezes, incorporado à terminologia que adotamos na Sociolinguística Variacionista.

Os condicionares linguísticos e extralinguísticos, numa pesquisa sociolinguística, são também chamados de **variáveis independentes** (ou *grupos de fatores*), enquanto a variável propriamente dita (ou seja, aquela que corresponde ao lugar da gramática em que ocorre a variação, como a "expressão pronominal de P2", por exemplo), também pode ser tratada por **variável dependente**.

As variáveis independentes, como o nome sugere, idealmente não apresentam uma relação de dependência entre si. Já a variável dependente, também como o nome sugere, *depende* de sua relação com as variáveis independentes, afinal, são estas que *condicionam* a forma de realização daquela.

Com o controle refinado da frequência de ocorrência das variantes, e em função dos condicionadores linguísticos e extralinguísticos selecionados para nossa análise, podemos traçar um quadro respaldado por resultados quantitativos precisos de quais condicionadores favorecem ou desfavorecem a ocorrência das formas que concorrem para a expressão de uma variável.

Para mostrarmos isso de modo mais claro, retomemos o exemplo da variação entre 'tu' e 'você'. Que aspectos do próprio sistema linguístico e/ou da sociedade que o emprega poderiam influenciar a escolha de uma das duas formas?

A região de origem do falante parece ser decisiva nesse caso: há diversas regiões do país cujos falantes empregam apenas 'você', outras em que o 'tu' é predominante e outras em que as duas formas convivem, havendo uma diferenciação no uso por conta de outros fatores – o grau de intimidade entre os interlocutores e o grau de formalidade da situação comunicativa, por exemplo. Temos aí três condicionadores externos ao sistema linguístico (a região, o grau de intimidade e o grau de formalidade), os quais, numa pesquisa sociolinguística, são pistas essenciais ao analista para desvendar os mecanismos da variação.

E quanto aos fatores intrínsecos ao sistema linguístico? Que condicionadores internos poderíamos considerar em um estudo sobre essa variável?

Pesquisas sociolinguísticas têm mostrado que o traço semântico do pronome pode favorecer o uso de uma das variantes: 'você' é mais utilizado com caráter genérico e 'tu', com traço mais específico. Muitas vezes usamos um pronome de segunda pessoa para referirmos não ao nosso interlocutor, mas a qualquer pessoa – esse é um uso genérico. Por exemplo, em "Hoje em dia você tem água encanada e luz elétrica em quase todas as residências do Brasil", certamente esse *você* não se refere ao interlocutor; poderia, inclusive, ser trocado por outras estratégias de indeterminação, como "Hoje em dia tem-se água encanada e luz elétrica em quase todas as residências do Brasil" ou mesmo "Hoje em dia tem água encanada e luz elétrica em quase todas as residências do Brasil". Já em "Eu me esforço para agradar você", temos um uso específico, cujo referente é apenas o interlocutor.

É essa, em suma, a postura investigativa que se adota no trabalho com a Sociolinguística. Com ela, identifica-se uma variável no uso corrente da língua de uma comunidade; identificam-se, a seguir, as variantes dessa variável; a partir das hipóteses que elaboramos quanto aos condicionadores que possam estar em jogo no favorecimento ou desfavorecimento das variantes, prossegue-se à coleta de dados reais de fala e, posteriormente, à sua análise, para confirmação ou refutação das hipóteses iniciais. Mas essa é somente uma síntese. Uma pesquisa sociolinguística deve ir muito além disso se quiser efetivamente esclarecer um pouco mais sobre a complexa relação que há entre língua e sociedade através do estudo da variação e da mudança linguística.

A Sociolinguística assume, portanto, que existe uma forte correlação entre os mecanismos internos da língua e fatores externos a ela, tanto de uma ordem "micro", envolvendo nosso grau de contato e de identificação com os grupos com os quais interagimos no dia a dia, quanto de uma ordem "macro", relacionada a uma estratificação social mais ampla.

Síntese dos primeiros passos

Para entendermos a perspectiva da Sociolinguística sobre a língua, é necessário abandonar alguns (pré)conceitos e aprender a ver a língua não como uma estrutura pronta, estanque e imutável, mas como uma estrutura que aceita variações, que não se concretiza sempre da mesma forma. Nossos primeiros passos, até agora, buscaram criar familiaridade com algumas ideias, dentre elas as de que:
- a língua é um sistema dotado de variação;
- sendo um sistema, a língua é constituída por um conjunto estruturado de regras (categóricas e variáveis);
- as variantes que disputam pela expressão de uma variável podem ser mais ou menos usadas, dependendo do ambiente linguístico e/ou extralinguístico;
- explicações para as escolhas dos falantes por uma ou outra variante linguística são buscadas pelo controle de fatores condicionadores (variáveis independentes);
- a natureza do sistema é probabilística, o que pressupõe o emprego de técnicas quantitativas para a observação das regularidades que o regem.

Nas próximas seções, vamos conferir a aplicação dos conceitos que acabamos de apresentar na análise de fenômenos em variação no português falado no Brasil, assim como de alguns fenômenos variáveis no inglês americano. O objetivo é examinar a variação linguística em sua dimensão interna – na qual verificamos os níveis gramaticais de análise (lexical, fonológico, morfológico, sintático e discursivo) e os condicionadores internos – e em sua dimensão externa – na qual observamos a interação dos condicionadores externos com os fenômenos variáveis.

2. A VARIAÇÃO VISTA DE DENTRO DA LÍNGUA

A partir de agora, vamos tratar da variação em função dos diferentes níveis linguísticos em que ocorre:

- variação lexical;
- variação fonológica;
- variação morfofonológica, morfológica e morfossintática;
- variação sintática;
- variação discursiva.

Em seguida, veremos como os condicionadores internos, aqueles que são inerentes à língua, atuam nos fenômenos em variação. Ao longo de nossa discussão, vamos percorrer alguns estudos realizados sobre fenômenos variáveis no português do Brasil.

2.1 O lugar da variação dentro da língua: os níveis de análise linguística

Observando com atenção os fenômenos em variação que temos visto até agora, percebemos que existem diferenças com relação ao lugar da gramática ocupado pelas *variáveis* e à natureza de suas *variantes*. A partir deste momento, veremos um a um esses lugares, que equivalem aos níveis da gramática, e assim progrediremos em nosso conhecimento sobre a Sociolinguística.

Vamos começar tratando da **variação lexical**, que, em geral, apresenta fenômenos bastante perceptíveis e muitas vezes até divertidos de serem observados.

É certo que, quando se fala em variação linguística, os exemplos que costumam vir primeiro à mente dizem respeito ao nível do léxico, ou seja, das palavras que compõem uma dada língua, quase sempre associados à variação regional. A mesma realidade é representada, conforme a região, por palavras diferentes. Mas há também usos variados conforme a situação, mais formal ou menos formal, em que se está falando, associados, portanto, à variação estilística. Listamos alguns casos de variação no nível lexical; note-se que temos sempre duas ou mais variantes para cada variável:

Exemplos de variação lexical

- abóbora, jerimum;
- bergamota (ou vergamota), tangerina, laranja-cravo, mimosa;
- mandioca, aipim, macaxeira;
- pão francês, pão de trigo, cacetinho, filãozinho;
- banheiro, toalete, w.c., casinha;
- coisa, troço, trem;
- estojo, penal;
- pandorga, pipa, papagaio;
- vaso, bacio, privada.

As maiores contribuições para o estudo da variação no nível do léxico têm sido oferecidas a partir de estudos geolinguísticos de diferentes regiões do Brasil. Esses estudos, já desde os trabalhos pioneiros do filólogo Antenor Nascentes, na década de 1950, têm como propósito a elaboração de um atlas linguístico do Brasil, com o mapeamento das diferentes áreas linguísticas do português brasileiro.

A Geolinguística e a elaboração de mapas

Atualmente, temos em formação o ALIB (Atlas Linguístico do Brasil), um projeto de grandes proporções que conta com a participação de dialetólogos de diferentes regiões do país. Há também atlas linguísticos regionais, como o ALERS (Atlas Linguístico-Etnográfico da Região Sul), o ALIMA (Atlas Linguístico do Maranhão) e o ALIPA (Atlas Linguístico do Pará).

Nesta última década, estudos que unem a metodologia de pesquisa da Geolinguística e a da Sociolinguística, chamados de geossociolinguísticos, têm sido bastante comuns, tanto para dar conta de fenômenos lexicais como de fenômenos fonológicos, morfofonológicos e morfossintáticos em variação.

A coleta de dados para a formação dos atlas linguísticos é feita, em geral, a partir de respostas a questionários, como, por exemplo, os questionários semântico-lexicais (QSL), compostos de perguntas distribuídas em campos semânticos diferentes. A divisão do QSL em campos semânticos é uma tentativa de captar a **diversidade lexical** de cada microrregião dos estados do Brasil, tendo em vista fatores históricos de colonização e particularidades relativas aos diversos campos da atividade humana (economia, política, trabalho, cultura etc.).

O que a análise da distribuição geográfica de formas lexicais tem permitido, portanto, é a delimitação de áreas lexicais, ou seja, de zonas de um território que se caracterizam por apresentarem vocábulos que não ocorrem em outras. As áreas lexicais, contudo, não são delimitadas por fronteiras fixas e imutáveis; elas se sobrepõem, na medida em que os diferentes falares se interseccionam.

Vale ressaltar que, na classificação dos dialetos em geral, os aspectos lexicais são menos sistematizáveis do que os fonético-fonológicos, morfológicos ou sintáticos, visto que esses últimos são regulados por condicionadores internos, além dos externos, enquanto os lexicais estão intimamente ligados a fatores extralinguísticos, de caráter cultural, sobretudo etnográficos e históricos.

Tendo observado alguns exemplos de como se dá a variação no nível lexical, vamos passar a outro nível linguístico: o fonológico.

Vários estudos sociolinguísticos atestam **variação fonológica** em diversos fenômenos do português do Brasil. Para exemplificar esse tipo de variação, observe a troca de <lh> por <i> nas palavras

paia (por 'palha')   *muié* (por 'mulher')
veia (por 'velha')   *foia* (por 'folha')   *trabaio* (por 'trabalho')

Esse fenômeno – chamado de *despalatalização* – consiste na perda de palatalização (<lh> passa para <l>: *palha > palia*), seguida de *iotacismo* (evolução de um som para a vogal /i/ ou para a semivogal correspondente: *palia > paia*). Existe uma aproximação entre os pontos de articulação da palatal /λ/ (que na escrita representamos por <lh>) e da semivogal /y/, o que justifica linguisticamente essa variação. Assim, em certos contextos, o traço palatal passa a ser articulado como alveolar ou como uma semivogal. A despalatalização é apenas um exemplo de variação fonológica verificado no português do Brasil; no quadro a seguir, há outros. Você pode ainda ampliar esse quadro pesquisando sobre outras variáveis fonológicas.

Exemplos de variação fonológica

- **Síncope:** supressão de um segmento sonoro no interior da palavra. Há uma tendência de as proparoxítonas se igualarem às paroxítonas, que são muito mais frequentes na língua portuguesa. Como exemplos, temos casos como *relampo* (por 'relâmpago'), *fosfro* (por 'fósforo'), *abobra* (por 'abóbora'), *arve* (por 'árvore'), *figo* (por 'fígado') etc. Na passagem do latim para o português, temos casos como *insula* > *ilha*, *littera* > *letra* etc.;
- **Monotongação:** transformação ou redução de um ditongo em uma vogal. Podemos ter a transformação do ditongo /ow/ para /o/, como *poco* (por 'pouco'), *ropa* (por 'roupa'), *cenora* (por 'cenoura') etc.; de /ey/ para /e/, como em *mantega* (por 'manteiga'), *bejo* (por 'beijo'), *brasilero* (por 'brasileiro') etc.; e de /ay/ para /a/, como em *caxa* (por 'caixa'), *baixo* (por 'baixo') etc.;
- **Alçamento das vogais médias pré-tônicas:** elevação das vogais pré-tônicas por influência de uma vogal em sílaba subsequente. É o caso, por exemplo, de *minino* (por 'menino'), *curuja* (por 'coruja'), *piru* (por 'peru'), *tisoura* (por 'tesoura'), *subrinho* (por 'sobrinho') etc.;
- **Epêntese vocálica:** emissão de uma vogal entre consoantes. É o que encontramos em *obiter* (por 'obter'), *pineu* ou *peneu* (por 'pneu'), *adivogado* ou *adevogado* (por 'advogado'), *rítimo* (por 'ritmo') etc.;
- **Rotacismo:** troca da consoante [l] pela consoante [r], como ocorre em *pranta* (por 'planta'), *Framengo* (por 'Flamengo'), *probrema* (por 'problema'), *bicicreta* (por 'bicicleta') etc. Embora seja um fenômeno estigmatizado, é bastante frequente não só no português falado atualmente no Brasil como na trajetória do latim para o português, em que encontramos os exemplos *duplu* > dobro, *blancu* > branco, *ecclesia* > igreja, entre outros.

Outro nível linguístico em que podemos verificar variação é o morfológico. Comecemos esta conversa relembrando a definição clássica de morfema: *unidade mínima significativa*. Vamos considerar como **variação morfológica** aquela alteração que ocorre num morfema da palavra. Parece fácil, não é? Vamos examinar alguns dados.

Pensemos no caso do gerúndio, em que temos o fenômeno fonológico da *assimilação*:

cantano (por 'cantando')   *correno* (por 'correndo')   *sorrino* (por 'sorrindo')

Sabemos que *-ndo* é o morfema verbal que indica gerúndio. Nos três exemplos, esse morfema sofre uma redução para *-no*, com a queda do fonema /d/. E agora: será um caso de variação fonológica ou morfológica?

A mesma indagação pode ser feita em relação aos seguintes fenômenos em variação, muito frequentes no português do Brasil:

a. *andá* (por 'andar'), *vendê* (por 'vender'), *parti* (por 'partir');
b. eles *anda* (por eles 'andam'), eles *vendi* (por eles 'vendem'), eles *parti* (por eles 'partem');
c. tu *anda* (por tu 'andas'), tu *vende* (por tu 'vendes'), tu *parte* (por tu 'partes');
d. *você* anda (por '*tu* anda(s)') e *a gente* anda (por '*nós* anda(mos)').

Em (a), temos a supressão do *-r* que marca o infinitivo nos verbos. Trata-se, pois, de um morfema verbal. Nesse caso, temos claramente a falta do morfema de infinitivo nas realizações 'andá', 'vendê' e 'parti'. Podemos concluir que há uma coincidência: *-r* representa um fonema e também um morfema nesses dados. Se opusermos esses casos à palavra 'revolve' (por 'revólver'), por exemplo, veremos que neste último exemplo a queda do *-r* é um fato apenas fonológico, pois *-r* não é um morfema, e sim parte do radical da palavra.

Em (b), a não realização de *-m*, uma desinência verbal que indica P6, representa uma alternância morfêmica. Já em casos como 'homi' (por 'homem') e 'viagi' (por 'viagem'), o *-m* é só um fonema. Nas duas situações um fonema deixou de ser pronunciado: na primeira esse fonema é também um morfema, e na segunda trata-se apenas de um fonema.

Em (c), a não realização de *-s* é uma alternância morfêmica, pois *-s* é uma desinência (um morfema, portanto) que representa a segunda pessoa do discurso (P2) nos três verbos. Em casos como 'andamo', 'vendemo', 'partimo' (por 'andamos', 'vendemos', 'partimos'), a desinência verbal que indica P4 é *-mos*. Houve queda de *-s*, restando a marca *-mo*. Apenas o fonema deixou de ser pronunciado. O mesmo acontece em palavras como 'lápi' (por 'lápis') e 'doi' (por 'dois'), por exemplo: a queda do *-s* é apenas fonológica.

Sabemos que quando a variação está só no âmbito do fonema, temos uma **variação fonológica**, mas quando vai também para o âmbito do morfema, que tipo de variação encontramos aí? Morfológica? Talvez fosse mais interessante dizer que, nesses casos, o que temos é uma **variação morfofonológica** – uma vez que os morfemas que caem são também fonemas. É um caso, portanto, de **interface**, que ocorre quando um caso de variação abarca dois ou mais níveis gramaticais.

Mas quando dizemos que a referência a P2 em 'tu anda' e a referência a P6 em 'eles anda' é dada na relação que se estabelece entre pronome e verbo – é o pronome que carrega o significado de pessoa do verbo – já saímos do campo da morfologia e vamos para o campo da sintaxe, ou melhor, da morfossintaxe. Temos aqui, portanto, um caso de **variação morfossintática** – outra situação de interface.

Por outro lado, se a variável escolhida for, por exemplo, a alternância entre os pronomes 'tu' e 'você' ou entre 'nós' e 'a gente', como vimos em (d), temos um caso de **variação morfológica** e <u>não</u> um caso de interface. Afinal, é uma alternância de forma pronominal, apenas.

Note-se, pois, que os fenômenos em variação morfológica são, em sua maioria, casos de variação morfofonológica ou morfossintática. Ressaltamos, dentre os estudos em interfaces, os trabalhos pioneiros dos sociolinguistas Anthony Naro e Marta Scherre sobre a variação na concordância nominal e verbal, com dados do Sudeste. Com relação à variação morfológica, destacam-se, entre outros, trabalhos do grupo de sociolinguistas da UFRJ, como os de Célia Lopes sobre variação pronominal, com dados de fala e de escrita também do Sudeste.

Passamos agora à variação linguística no nível da sintaxe. Vamos mostrar, brevemente, certos fenômenos que estão em **variação sintática** para discutirmos posteriormente.

Exemplos de variação sintática

a. Construções relativas: "O filme *a que* me refiri é muito bom"/"O filme *que* me refiri é muito bom"/"O filme que me refiri *a ele* é muito bom".
b. Posição do clítico: "Eu vi-*o* no cinema"/"Eu *o* vi no cinema".

O estudo sobre a variação nas orações relativas realizado por Fernando Tarallo na década de 1980 foi um dos primeiros trabalhos de Sociolinguística no âmbito da variação na sintaxe feitos no Brasil. Tarallo mostrou que as três construções ilustradas anteriormente em (a) estão em variação no português falado no Brasil e são condicionadas principalmente por fatores extralinguísticos. Seus resultados indicaram que a relativa padrão ("O filme *a que* me referi é muito bom") parece estar deixando de ser usada na linguagem espontânea; sua substituta é a chamada "relativa cortadora" ("O filme *que* me referi é muito bom"), enquanto a relativa com pronome lembrete ("O filme *que* me referi *a ele* é muito bom") é geralmente usada por falantes menos escolarizados e sofre estigma na sociedade.

Outro fenômeno de variação na sintaxe que tem levantado muitos questionamentos é a posição do clítico em relação ao verbo, como nos exemplos "Eu vi-*o* no cinema"/ "Eu *o* vi no cinema". No primeiro caso, temos *ênclise* (posição pós-verbal) e, no segundo, temos *próclise* (posição pré-verbal). Estudos sociolinguísticos têm mostrado que a próclise ("Eu *o* vi no cinema") é mais frequente no português falado no Brasil, especialmente quando o sujeito está anteposto ao verbo (seja esse sujeito um nome ou um pronome – sujeito nominal e pronominal, respectivamente), e não a ênclise ("Eu vi-*o* no cinema"), embora esse último uso, do ponto de vista do senso comum, seja mais bem avaliado.

Até agora, examinamos fenômenos variáveis no âmbito do léxico e dos níveis gramaticais – fonológico, morfológico (e suas interfaces) e sintático. Dependendo da visão de gramática assumida, o nível de análise pode ser expandido para além da frase, de modo a abarcar também porções textuais ou discursivas maiores. Nesse caso, aspectos semântico-pragmáticos (que envolvem a significação e o contexto situacional) também são considerados. Apresentamos, a seguir, alguns fenômenos variáveis na dimensão textual/discursiva, casos que enquadramos como **variação discursiva**.

Dados interessantes são encontrados com relação às palavras que encadeiam trechos discursivos, desempenhando o papel de conectores, como conjunções ('e', 'mas', 'porque', 'portanto' etc.), expressões de natureza adverbial ('aí', 'assim', 'afinal', 'então', 'consequentemente', 'quanto a', 'por outro lado' etc.), marcadores discursivos ('quer dizer', 'digamos assim' etc.), entre outros, usados na fala e na escrita.

O conjunto de exemplos a seguir, produzido por informantes (que são os sujeitos de uma pesquisa) florianopolitanos, ilustra usos variáveis dos itens 'e', 'aí', 'daí' e 'então' na função de 'coordenação em relação de continuidade e consonância', estabelecendo uma relação coesiva entre uma informação precedente e outra subsequente dentro de um texto. Os dados, extraídos da tese de Maria Alice Tavares (2003), são provenientes de amostras orais do Varsul (Variação Linguística na Região Sul do Brasil). Mais adiante, serão apresentados alguns bancos de dados brasileiros, de onde provêm as amostras de fala e escrita que muitos sociolinguistas analisam em suas pesquisas; o Varsul é um desses bancos de dados.

(1) Aí a minha mãe: "Ah! pois é, mas eu tenho que dar baixa nessa carteira." *Aí* o cara falou: "É, mas a senhora não quer nada?" *E* a minha mãe disse: "Quer nada o quê?" "É porque nós somos obrigados a vender um ônibus desses pra pagar ele, porque a- a carteira dele não está dando baixa, ninguém deu baixa, né?"

(2) A costureira não quis fazer, então eu e a minha irmã – A minha irmã não sabe costurar muito bem, *daí* ela disse pra ele assim: "Não, mas quando que nós vamos fazer serão". A minha irmã disse pra ele: "Como nós vamos fazer esse serão, se não tem costureira?" *Daí* ele disse: "Ah, vocês não querem fazer, então dá a carteira que eu dou as contas."

(3) Mas ele insistiu e disse: "Olha, tem uma equipe de São Paulo, lá, do Professor Odair Pedroso, se for necessário nós podemos lhe mandar pra São Paulo fazer um curso." *Então* eu disse: "Se é assim, se desejam assim, eu posso tentar, se não decepcionar." Então eu fiquei realmente três meses em treinamento com a equipe do Professor Odair Pedroso num- no Hospital Celso Ramos.

Em todos os casos, os elementos em variação ('e', 'aí', 'daí' e 'então') estão no mesmo contexto, o de introdução de discurso direto (precedendo os verbos *falar/dizer*), dando sequência, de modo coesivo, ao texto. Note-se que, nessa função, eles são intercambiáveis, atuando, portanto, como *variantes* que constituem uma mesma *variável* linguística. No entanto, se vistos isoladamente, dificilmente diríamos que seriam variantes. Provavelmente, seria feita a seguinte classificação, baseada nas gramáticas normativas tradicionais:

- e = conjunção coordenativa
- aí, daí = advérbios de lugar
- então = advérbio de tempo

Isso mostra o quanto é importante se considerar o contexto *real* de ocorrência dos dados que queremos analisar.

Vejamos outro exemplo de variação no nível discursivo. Os dados, produzidos por informantes da cidade de Lages, em Santa Catarina, são também oriundos de amostras orais do Varsul e foram extraídos da tese de Cláudia Rost Snichelotto (2009). Vejamos:

(4) Então, daí são confeccionados colchões, [são <confecci>] são confeccionados cobertores, né? pra enfrentar o frio dessa terra aqui. Porque *olha*, é frio mesmo no inverno. Pode ver a lareira, ainda não foi Ainda tem o vestígio do inverno porque não foi lavada ainda.

(5) Daquele dia em diante ele não fumou mais. [Ele não foi mais] ele não entrou nem num bar mais. Verdade. Eu fiquei. Agora você vê, né? a gente. Por isso que eu digo: "Deus, o que ele tem pra gente, pra vida da gente, pra pessoa eu acho que, né?" eu acho que ele escolhe decerto a pessoa, né? A pessoa é escolhida, por Deus, né? Esse foi escolhido, porque *vê*: ele chegou de lá, aquele dia mesmo ele não deitava sem se ajoelhar [na] assim na beira da cama dele, orar, ler a Bíblia. E ao meio dia assim no almoço e tudo, às vezes os pais precisam <tava> estar dizendo ore ou, né? faça uma oração. Nunca mais ele deixou isso aí, orar [na hora da] antes [de] do almoço, quando senta na mesa. [...]

Os marcadores discursivos são elementos que servem não apenas à organização da fala e à manutenção da interação entre falante e ouvinte, mas também que atuam no encadeamento coesivo das partes de um texto. Os itens destacados 'olha' e 'vê' são usados para chamar a atenção do interlocutor sobre a informação que está sendo veiculada. Eles têm caráter textual-interativo, pois ao mesmo tempo em que chamam a atenção do interlocutor também auxiliam no estabelecimento de relações coesivas de causalidade, inclusive com a presença do conector 'porque' nos dois trechos. Os itens 'olha' e 'vê' funcionam como variantes, nesse caso. Observe-se que ambos são marcadores discursivos derivados de verbos de percepção visual.

Existem ainda expressões de caráter discursivo como 'mas bah!', 'pô, cara, aí...', 'orra meu!', 'meu rei', entre outras, que são facilmente associadas a falantes gaúchos, cariocas, paulistas e baianos, respectivamente, constituindo-se em variantes regionais. Muitas vezes, ainda, os marcadores discursivos são chamados de *vícios de linguagem* nas gramáticas normativas.

Agora que já vimos exemplos de variação nos diferentes níveis da gramática, vamos passar aos condicionadores linguísticos.

2.2 As forças de dentro da língua: os condicionadores internos

Como vimos anteriormente, os condicionadores, em um caso de variação, são os *fatores* que regulam a escolha do falante entre uma ou outra variante. Assim como os fenômenos variáveis se situam em diferentes níveis linguísticos, também os condicionadores que atuam sobre as variáveis podem ser de diferentes níveis. A partir de agora, vamos examinar alguns desses condicionadores, começando pelos do nível fonético-fonológico.

É esperado que forças de um nível linguístico operem sobre fenômenos do mesmo nível, ou seja, nesse caso, que condicionadores fonético-fonológicos influenciem o uso de uma ou de outra variante fonológica. Retomando o exemplo da monotongação dos ditongos decrescentes; observemos as seguintes palavras:

couve   cenoura   caixa   baile   beijo   seiva   peixe   primeiro   peito

Todas elas apresentam um dos seguintes ditongos: /ow/, /ay/, /ey/. Se pronunciarmos cada uma delas procurando perceber se é possível fazer a redução do ditongo, ou seja, se é possível omitir a semivogal, iremos notar que em algumas palavras podemos facilmente fazer a redução ('cove', 'cenora', 'caxa', 'bejo', 'pexe', 'primero') e em outras, não ('baile', 'seiva', 'peito'). Que condicionador estaria atuando sobre esse uso variável?

Vários estudos sociolinguísticos já foram realizados descrevendo esse fenômeno de variação, dentre eles o de Sílvio Cabreira (2000), na região Sul, os de Maria Conceição Paiva (1996, 2003), na cidade do Rio de Janeiro, e o de Fabiana de Souza Silva (2004), em João Pessoa. Vamos exemplificar com os resultados de Cabreira, que analisou dados de fala de Porto Alegre, Florianópolis e Curitiba, pertencentes ao Varsul. O autor constatou que, no caso do ditongo /ow/, há 96% de redução para /o/ ('couve' > 'cove'), independentemente de qualquer condicionador interno.

Para os ditongos /ey/ e /ay/, Cabreira verificou que existe um forte condicionador para a redução: o *contexto fonológico seguinte*. Quando /ey/ é seguido de -*r* fraco ('dinheiro' > 'dinhero'), há 98% de monotongação. Quando /ey/ e /ay/ são seguidos de consoante palatal surda /ʃ/ ou sonora /ʒ/ ('peixe' > 'pexe'; 'beijo' > 'bejo'; 'caixa' > 'caxa'), o percentual de monotongação na fala é de 66%. Praticamente não existe monotongação nesses ditongos quando seguidos de outros contextos fonológicos. O que podemos concluir? A monotongação dos ditongos decrescentes /ey/ e /ay/ é condicionada por pressões fonológicas – no caso, pelo contexto seguinte. Em outras palavras, o condicionador interno "contexto seguinte" é relevante para a escolha entre uma e outra variante no fenômeno de monotongação.

Mas os condicionadores fonético-fonológicos não atuam somente em fenômenos do nível fonológico. Vejamos, por exemplo, o caso da variação na concordância verbal de P6 – um fenômeno morfossintático. As ocorrências e os resultados mostrados a seguir são do trabalho de Marta Scherre e Anthony Naro (1997), que analisaram amostras de fala do banco de dados Censo/PEUL do Rio de Janeiro.

(6) *Eles* conhece Roma. Conhece Paris
(7) *Ceis* conhecem?
(8) Aí, veio *aqueles cara* correno atrás
(9) Vieram *os ladrões*...

Os verbos 'conhecer' e 'vir' ora apresentam desinência número-pessoal marcada ('conhecem'/'vieram'), ora não ('conhece'/'veio'). O que estaria condicionando essa variação?

Entre os condicionadores linguísticos, os autores constataram que a **saliência fônica** se mostra um forte condicionador da concordância verbal. Vejamos os pares de variantes: 'conhece'/'conhecem' e 'veio'/'vieru'. Em qual par existe mais diferença fônica entre a forma singular e a plural? Note-se que, no primeiro par, a oposição se dá em sílaba átona e ocorre apenas o acréscimo de elemento nasal; no segundo, a oposição singular/plural se dá em sílaba tônica, além de haver outras mudanças como o timbre da vogal e mesmo uma mudança na raiz do verbo. Então, é notório que o primeiro par apresenta menor saliência fônica do que o segundo. Pois bem, os resultados da pesquisa apontaram que os falantes marcam mais a concordância quando a diferença singular/plural é mais saliente (88%); e marcam menos quando a diferença é menos saliente (44%). Logo, conclui-se que "saliência fônica" é um importante condicionador interno que atua na escolha por uma ou outra variante da variável "concordância verbal de P6".

Vimos, portanto, um condicionador fonético-fonológico atuando sobre um fenômeno variável de natureza morfossintática. Consideremos, agora, as seguintes palavras:

andar   beber   escolar   revólver   melhor   porque   tarde

Se pronunciarmos essas e outras palavras em que o <r> ocorre em posição de coda, isto é, em final de sílaba (podendo ser no interior ou no final da palavra), veremos que é possível que não produzamos igualmente o <r> em todas elas. Trata-se, como já vimos, de outra regra variável do português falado no Brasil: a "realização do /r/ pós-vocálico" ou a "realização do /r/ em coda silábica", cujas variantes são a *presença* e a *ausência do -r*. Que condicionadores linguísticos podem estar atuando sobre esse fenômeno?

Vamos comentar, brevemente, alguns resultados de duas pesquisas sociolinguísticas: a primeira, desenvolvida por Dinah Callou, João Moraes e Yonne Leite (1996), com dados do Nurc (Norma Linguística Urbana Culta) de cinco capitais brasileiras (Porto Alegre, São Paulo, Rio de Janeiro, Salvador e Recife), e a segunda realizada por Valéria Monaretto (2000) com amostras do Varsul das três capitais da região Sul. Entre os condicionadores testados nessas pesquisas, vamos destacar a **classe morfológica** – um **condicionador morfológico**, portanto.

Nos dados do Nurc foram consideradas duas classes de palavras – verbos e nomes. Vejamos alguns resultados mais significativos: em Porto Alegre, os autores encontraram 49% de apagamento do [r] em verbos e 14% em nomes; em São Paulo, 66% de apagamento em verbos e apenas 5% em nomes. Nos dados do Varsul, reunindo as três capitais do Sul, Monaretto considerou três classes de palavras – verbos, não verbos (nomes) e palavras funcionais (itens como 'qualquer', 'porque' etc.). A autora encontrou os seguintes resultados: 81% de apagamento da vibrante em verbos, 5% em nomes e 20% em palavras funcionais. O que podemos concluir?

Vemos que existe um comportamento diferenciado com respeito à supressão do [r] em função da classe de palavras: nos verbos (em que é um morfema) a vibrante tende a cair bem mais do que nos nomes (em que é apenas um fonema). Portanto, a classe morfológica da palavra é um condicionador interno relevante para explicar a variável "realização do /r/ pós-vocálico".

Já vimos exemplos de condicionadores fonético-fonológicos e morfológicos. Vamos ver agora **um condicionador sintático**: a **ordem dos constituintes** (ou posição) na sentença. Retomemos o fenômeno de concordância verbal de P6. Vejamos novamente alguns dados expostos anteriormente:

(6)   *Eles <u>conhece</u> Roma. Conhece Paris*
(8)   *Aí, <u>veio</u> aqueles cara correno atrás*

O que podemos notar quanto à posição do sujeito? É importante perceber que no primeiro exemplo o sujeito está anteposto e no segundo está posposto ao verbo. Os resultados dos autores apontam 82% de presença de marca verbal de concordância quando o sujeito está imediatamente à esquerda do verbo, como em (6); e apenas 26% de marca verbal quando o sujeito está posposto, como em (8). Esses resultados são corroborados em vários outros trabalhos que tratam da concordância verbal em amostras do português brasileiro de outras regiões.

Examinemos, a seguir, um condicionador semântico: a **animacidade**.

A animacidade corresponde a uma propriedade atribuída a um referente, que pode apresentar o traço [+animado] ou [-animado]. Por [+animado] entendem-se humanos, animais e objetos personificados, e por [-animado] entendem-se os referentes que não se enquadram em nenhuma dessas três categorias. Vamos ilustrar esse tipo de condicionamento com o estudo de Maria Eugênia Duarte (1989), que observou uma amostra de fala paulistana para analisar a variável "realização do objeto direto anafórico". Vejamos as possibilidades de realização do objeto anafórico em dados fornecidos pela autora:

(9)   Ele veio do Rio só pra ver. Então eu fui ao aeroporto buscá-*lo*. [*clítico*]
(10)   Eu amo o seu pai e vou fazer *ele* feliz. [*pronome lexical*]
(11)   Ele vai ver a Dondinha e o pai da Dondinha manda *a Dondinha* entrar... [Sintagma nominal (*SN*)]
(12)   No cinema a ação vai e volta. No teatro você não pode fazer *isso*. [*SN*]
(13)   [O Sinhozinho Malta está tentando convencer o Zé das Medalhas a matar o Roque...] Mas ele é muito medroso. Quem já tentou matar Ø foi o empregado da Porcina. Ontem ele quis matar Ø, a empregada é que salvou Ø. [*SN* Ø/*Categoria vazia*]

Ao testar a atuação condicionadora do traço semântico *animacidade* sobre a forma de realização do objeto, os resultados obtidos evidenciam que o traço [+animado] do referente está associado à realização do objeto na forma de pronome lexical, como em (10), com uma taxa de 92%; ou na forma de clítico, como em (9), com um percentual de 78%. Por outro lado, o traço [-animado] do objeto favorece a sua realização como categoria vazia (13), com 76%, ou como SN (11) e (12), com um percentual de 70%. Logo, o uso do clítico e do pronome lexical é condicionado pelo traço [+animado] do objeto, enquanto o uso da categoria vazia e do SN é condicionado pelo traço [-animado] do objeto.

A seguir, expandimos a área de abrangência dos condicionadores para o nível textual/discursivo. Analisando a ordenação de orações adverbiais temporais introduzidas por 'quando', em amostra do Varsul, Edair Görski (2000) testou a atuação de um condicionador discursivo: o *tipo de escopo* da oração. Observe os seguintes dados, produzidos por informantes florianopolitanos e extraídos do referido trabalho:

(14) I: [...] Não, não tem clima, né? Dona Ana, o que que é isso? Ele fez muito! Ô!
E: Sim, falando em carnaval, tu pulaste carnaval também das escolas- entre as escolas?
I: Pulei. Quer ver ó, só voltando atrás. Na época que eu mais precisei dele, que eu mais precisava de um apoio, foi *quando a minha mãe morreu.*

(15) Aí ele estava com o rosto- ele estava horrível! Ele estava horrível! Estava assim irreconhecível. Ele- *quando ele se mexeu assim,* que ele se levantou em cima da cama, Deus que me perdoe, parecia uma cobra.

O exemplo em (14) representa um contexto em que a oração temporal é identificada como tendo *escopo semântico* mais localizado, relacionado à oração principal. Nesse caso, a informante recupera um assunto anterior desenvolvido em torno do marido e não atende ao estímulo do entrevistador, que tenta trazer o tema "carnaval" para a conversa. A ocorrência (15) apresenta um *escopo temático* mais abrangente, relacionado tanto à oração principal quanto ao contexto precedente. A informante relata uma visita feita ao marido no hospital e a constatação das consequências de um acidente que ele sofrera. Os resultados percentuais em relação à ordem da oração adverbial junto à principal mostram que o escopo temático favorece a anteposição da oração temporal, com 89% das ocorrências, do que o escopo semântico, com apenas 54%.

> ### Condicionadores e seu papel
>
> Os dados expostos nesta seção atestam que a variação linguística não é caótica; pelo contrário, é ordenada e pode ser descrita criteriosamente a partir de *condicionadores*. Focalizamos aqui os condicionadores linguísticos, que atuam como forças dentro da língua. Vimos que cada fenômeno variável funciona em conformidade com certos condicionadores, que podem ser diferentes em cada caso. Vimos também que, assim como os fenômenos linguísticos podem estar em variação em diferentes níveis gramaticais, também os condicionadores atuam em diferentes níveis da língua. Cabe ao pesquisador sociolinguista descobrir as "regras de cada jogo".

Tratamos, até agora, daquilo que podemos chamar de *dimensão interna* da variação linguística. Vamos passar, a partir deste momento, a olhar para a variação em sua *dimensão externa*, em que observamos os tipos de variação linguística e os condicionadores externos.

3. A VARIAÇÃO VISTA DE FORA DA LÍNGUA

Os próximos tópicos de nossa conversa serão dedicados aos seguintes tipos de variação linguística:

- variação regional ou geográfica;
- variação social;
- variação estilística;
- variação na fala e na escrita.

Vale observar que essa classificação por tipos não implica que eles ocorram separadamente nem que sejam independentes da dimensão interna da variação. Normalmente, o que ocorre é uma combinação dos fatores que condicionam a forma como falamos. Na dimensão externa da variação, vamos estudar também os condicionadores extralinguísticos – aqueles que, como o nome sugere, encontram-se fora da estrutura da língua. Os condicionadores extralinguísticos estão estreitamente relacionados aos tipos de variação; estes são decorrentes do controle desses condicionadores. Para a Sociolinguística, os fatores extralinguísticos são tão importantes quanto os linguísticos.

Por fim, mais adiante, ao apresentarmos o estudo que Labov fez na ilha de Martha's Vineyard, nos Estados Unidos, evidenciaremos que a variação linguística está, algumas vezes, relacionada à *identidade* que os falantes têm com as formas variantes.

3.1 O lugar da variação fora da língua e as forças externas: os tipos de variação e os condicionadores extralinguísticos

Vamos conhecer que tipos de variação podem resultar da influência de condicionadores extralinguísticos. Comecemos com a variação que decorre da localização geográfica dos falantes.

É a **variação regional**, também conhecida por *variação geográfica*, ou ainda *variação diatópica*, a responsável por podermos identificar, às vezes com bastante precisão, a origem de uma pessoa pelo modo como ela fala. Através da língua, é possível saber que um falante é gaúcho, mineiro ou baiano, por exemplo. Mas o que exatamente nos permite fazer essa distinção?

O aparato teórico-metodológico da Sociolinguística nos equipa para que possamos sair de um nível impressionístico (e, às vezes, caricato) da variação geográfica e descobrirmos quais são exatamente as marcas linguísticas que caracterizam a fala de uma região em relação à de outra. Em geral, itens lexicais particulares, certos padrões entoacionais e certos traços fonológicos respondem pelo fato de que falantes de localidades diferentes apresentem dialetos (ou seja, *variedades*) diferentes de uma mesma língua.

O falante, a caricatura e o preconceito

A variação geográfica é, muitas vezes, bastante saliente aos nossos ouvidos. Podemos dizer que a fala, assim como a vestimenta e outros hábitos culturais, são elementos importantes na identificação do povo de determinado lugar. Por esse motivo, é natural que encontremos, no campo das artes cênicas, atores que, para dar maior veracidade à sua interpretação, durante a atuação incorporam à sua fala marcas linguísticas do suposto lugar de origem de seu personagem.

Exemplos de caricaturas baseadas na língua dos falantes podem ser encontrados com certa frequência em novelas e em programas humorísticos. É necessário, no entanto, olhar para essas caracterizações com alguma ressalva: em certos casos, a construção de um personagem como uma caricatura regional pode servir para reforçar um estereótipo negativo sobre as pessoas de determinada região, como o do "nordestino preguiçoso", o do "caipira ignorante" etc.

A variação regional pode ser estudada ao se oporem diferentes tipos de unidades espaciais: podemos dizer que existe variação regional entre Brasil e Portugal (dois países), entre o Nordeste e o Sul do Brasil (duas regiões de um mesmo país), entre Paraná e Santa Catarina (dois estados de uma mesma região), entre Chapecó e Florianópolis (duas cidades de um mesmo estado) e mesmo entre falantes do centro de Florianópolis e falantes do Ribeirão da Ilha (dois bairros de uma mesma cidade). É comum também que se analise variação regional entre zonas urbanas e zonas rurais ou do interior.

Variação regional e colonização

A variação regional está associada, algumas vezes, à etnia colonizadora de uma comunidade. Isso ocorre porque a língua do povo colonizador acaba influenciando a língua da região colonizada. No Brasil, apesar de o território ter sido largamente colonizado por portugueses, tivemos um grande fluxo imigratório de diversos povos – alemães, italianos, espanhóis, açorianos, japoneses e eslavos, entre outros –, sem contar os povos africanos que foram trazidos como mão de obra escrava e os povos indígenas que aqui já habitavam. Esse grande fluxo migratório é um dos fatores que fazem do nosso país um espaço pluridialetal – um "prato cheio" para a pesquisa sociolinguística. Devemos ter cautela, no entanto, pois nem toda variação regional pode ser explicada pelo fator "colonização".

Um exemplo perceptível de variação regional é a pronúncia das vogais /e/ e /o/ pré-tônicas em palavras como 'peteca' e 'moderno': em alguns dialetos da região Nordeste, elas são pronunciadas abertas (*p[ɛ]teca* e *m[ɔ]derno*), e em alguns dialetos do Sudeste e do Sul do Brasil são pronunciadas fechadas (*p[e]teca* e *m[o]derno*). A pronúncia do fonema /r/ em final de sílaba (coda silábica), como na palavra 'porta', também é bastante variada. No interior de São Paulo, temos o retroflexo [ɻ], que é comumente chamado de "r caipira" – embora essa terminologia não seja muito apropriada, pois traz certa conotação negativa; na capital do mesmo estado, por outro lado, é possível ouvir [ɾ] na mesma posição. Ainda temos a fricativa velar [x] e a fricativa glotal [h], normalmente associadas ao dialeto carioca e ao mineiro, respectivamente.

Dentre os estudos sociolinguísticos sobre esse tipo de variação, destaca-se o de Maria Bernadete Abaurre e Emilio Pagotto (2002), em que analisam a variável fonológica "palatalização das oclusivas dentais diante de /i/". Utilizando dados do Nurc, verificaram as ocorrências da variante africada [tʃ] (como em [tʃ]ia) em oposição à não africada [t] (como em [t]ia). Como resultado geral, eles chegaram à seguinte distribuição: em Recife, apenas 7% dos dados foram realizados com a variante africada; em Porto Alegre, 40% das ocorrências foram com essa variante; na cidade de São Paulo, esse número cresce para 73%; em Salvador, 85% das ocorrências foram realizadas com a pronúncia africada; e na capital do Rio de Janeiro, chegou-se à impressionante frequência de 100% de uso dessa variante.

Nota-se, assim, que a palatalização das consoantes oclusivas dentais diante de /i/ apresenta uma distribuição geográfica diferenciada na totalidade das cinco capitais observadas pelos autores. Trata-se, portanto, de um caso de variação regional.

Vale observar que os estudos geolinguísticos, apresentados inicialmente como um importante aparato para a investigação da variação lexical (quando tratamos da dimensão interna da variação linguística), são uma rica fonte de dados para o exame da variação regional. Além dos já mencionados questionários semântico-lexicais, há questionários fonéticos e morfossintáticos, que permitem, através de sua organização em atlas, que se identifiquem diferentes aspectos da variação regional. Não custa lembrar que os mapas resultantes das respostas aos questionários podem compreender desde pequenos espaços, como uma cidade, a espaços maiores, como um país inteiro.

Da mesma forma que a fala pode carregar marcas de diferentes regiões, também pode refletir diferentes características sociais dos falantes. A essa propriedade dá-se o nome de **variação social** ou *diastrática*. Os principais condicionadores sociais que usualmente são correlacionados à variação linguística são o *grau de escolaridade*, o *nível socioeconômico*, o *sexo/gênero* e a *faixa etária*, conforme exemplificamos a seguir.

- **Grau de escolaridade**. Por terem um contato maior com a cultura letrada e com o uso das variedades cultas da língua, supõe-se que, em geral, falantes altamente escolarizados dificilmente produzirão formas como "nós vai" ou "a gente vamos", que são típicas de falantes pouco ou não escolarizados. É mais provável que eles falem "nós vamos" e "a gente vai".

Vamos ver agora exemplos de como o condicionador **grau de escolaridade** pode atuar sobre fenômenos em variação. No estudo realizado em 1996 por Marta Scherre sobre a variável linguística "concordância nominal de número", na fala carioca, a autora investigou a alternância entre a variante com marca de concordância padrão e a variante sem marca de concordância padrão ('as meninas'/'as menina', por exemplo) nos dados do Censo/PEUL. Como resultados, observou que os falantes que haviam completado quatro anos de escolaridade realizavam a concordância nominal padrão em 40% das ocorrências. Essa taxa aumentava para os falantes com 8 anos de escolarização: 57%. Por fim, os falantes com 11 anos de escolarização realizavam concordância padrão em 73% das ocorrências.

Perceba-se que, nesse estudo, os índices de concordância nominal padrão (em oposição à ausência de concordância nominal padrão) vão crescendo conforme aumentam os anos de escolarização dos falantes, indicando que os que passaram mais tempo em ambiente escolar produzem em maior número a variante considerada padrão.

- **Nível socioeconômico.** É um condicionador muito estudado nos trabalhos de Labov e seu grupo de pesquisa sobre o inglês nova-iorquino. Seus resultados apontam que o grupo social menos privilegiado favorece o uso de variantes não padrão da língua, enquanto os mais privilegiados optam pela variante padrão. Mas essa constatação, em geral, é também correlacionada com a ocupação dos falantes e com uma diferenciação estilística. O efeito de indicadores sociais sobre o perfil sociolinguístico dos falantes não é nada simples. Na opinião de Maria Cecília Mollica (2008), origem social, renda, acesso a bens materiais e culturais e ocupação são alguns dos indicadores sociais. No Brasil, ainda há poucos estudos que levam em consideração esses indicadores.

Existem várias formas de se controlar a classe social em uma pesquisa sociolinguística. Aqui, veremos um estudo realizado por Labov em três lojas de departamento da cidade de Nova York no ano de 1964 e um estudo do sociolinguista brasileiro Luís Amaral, realizado na cidade de Pelotas (RS) em 2003, que adotam metodologias diferentes.

Labov buscou investigar a variável "presença/ausência de /r/ em posição pós-vocálica" no inglês (como em 'ca*r*', 'ca*r*d', 'fou*r*', 'fou*r*th' etc.) em três lojas de departamento da cidade de Nova York, classificadas de acordo com sua localização geográfica, *status* dos jornais em que fazem seus anúncios, listas de preços de mercadorias, espaço físico da loja, seu prestígio e condições de trabalho dos funcionários: Sacks Fifth Avenue (frequentada pela classe média alta), Macy's (frequentada pela classe média baixa) e S. Klein (frequentada pela classe baixa). Seu objetivo era verificar se o uso de /r/ se mostrava um diferenciador social na fala da cidade de Nova York e se eventos de fala rápidos e anônimos podiam ser usados como base para um estudo sistemático da linguagem.

O procedimento de coleta – método chamado de *inquérito breve e anônimo* – baseou-se numa metodologia simples. O entrevistador (que foi o próprio Labov) perguntava aos seus informantes, os funcionários do local, onde ficava determinada seção da loja, a fim de obter como resposta a expressão *fourth floor* ("quarto andar") em dois momentos: como resposta casual (a primeira resposta do informante) e resposta enfática (a segunda resposta do informante, que, ao perceber que não havia sido compreendido, pronuncia a expressão *fourth floor* mais cuidadosamente), como descrito a seguir:

Entrevistador:	*Excuse me, where are x?*
	Com licença, onde fica x?
Informante:	*Fourth floor.* [estilo casual]
	No quarto andar.
Entrevistador:	*Excuse me?*
	Como?
Informante:	*Fourth floor.* [estilo cuidado e acento enfático]
	No quarto andar.

Labov registrava todos os dados, ou seja, todas as ocorrências de presença e de ausência de /r/ em posição pós-vocálica na expressão 'fou*r*th floo*r*', tanto na resposta casual quanto na resposta enfática. Os resultados da estratificação do /r/ por loja mostraram que 62% de empregados da Sacks, 51% da Macys e 21% da Klein usaram /r/ em pelo menos uma das duas respostas ao inquérito. Note-se que a presença do /r/ era a variante nova e de prestígio do nova-iorquino e a variante conservadora e estigmatizada era a ausência de /r/, dado que, na época, a tradição anglófila ensinava que a pronúncia do /r/ era um traço provinciano e que a pronúncia "correta" era o apagamento do /r/, de acordo com o inglês britânico.

Os resultados quanto ao uso do /r/ dispõem os funcionários numa ordem idêntica à gerada pelo *nível socioeconômico* das três lojas: quanto mais alto o nível socioeconômico da loja (ou, melhor dizendo, dos clientes que frequentam a loja), mais se observa o uso do /r/, e quanto mais baixo o nível, menos se observa esse uso. Pode-se dizer que Labov verificou, assim, a correlação entre um fenômeno linguístico e o nível socioeconômico dos falantes.

Ainda com relação a estudos que levam em consideração esse condicionador, no Brasil, temos a tese de Luís Amaral (2003), sobre a "concordância verbal com o pronome de P2 'tu'" (como em "tu falas" *vs*. "tu fala" e em "tu falaste" *vs*. "tu falou"). O autor adotou uma metodologia diferente da de Labov para identificar o nível socioeconômico dos falantes, baseada em três condicionadores: "ocupação/profissão", "renda/patrimônio" e "escolaridade" do falante. Unindo esses três condicionadores, Amaral chegou a uma classificação do nível socioeconômico dos entrevistados e obteve a seguinte distribuição: os falantes de classe média alta realizaram concordância padrão em 12% dos dados, os falantes de classe média baixa em 7% e os de classe baixa, em 4%. Nota-se, então, que os falantes de classe mais alta fizeram concordância mais vezes do que os de classe mais baixa.

Observe-se que não são números muito altos de concordância verbal. Isso se deve ao fato de Amaral ter realizado seu estudo utilizando dados do VarX (Banco de Dados Sociolinguísticos Variáveis) da cidade de Pelotas, no Rio Grande do Sul – lugar onde é muito comum o uso do pronome 'tu' sem marca de concordância padrão. Se esse estudo fosse realizado em outra localidade, possivelmente os resultados seriam diferentes.

- **Sexo/gênero.** Quanto à variação social relacionada ao sexo/gênero dos informantes, alguns estudos mostram que as mulheres são mais conservadoras do que os homens: em geral, elas preferem usar as variantes valorizadas socialmente. É como se as mulheres fossem mais receptivas à atuação normatizadora da escola. Esses resultados, no entanto, requerem cautela, afinal, os papéis feminino e masculino, nas diversas sociedades, estão, a todo momento, sofrendo transformações.

    É bem possível que a explicação sobre as diferenças linguísticas entre os sexos/gêneros esteja relacionada com o papel que a mulher tem na vida pública. O comportamento conservador é muitas vezes espelho da história particular e das histórias culturais das diferentes regiões. Segundo Labov (1982), as mulheres nas sociedades ocidentais em geral são mais conservadoras do que os homens, mas em sociedades asiáticas, por exemplo – em que elas, em geral, não têm um papel de destaque – as mulheres reagem menos fortemente às normas da cultura dominante. Nesse caso, o comportamento conservador seria observado na fala dos homens.

    Outra consideração importante acerca da variável sexo/gênero é que tem se verificado resultados mais significativos quando se correlaciona essa variável com a faixa etária da população e, se possível, com a história social das diferentes comunidades investigadas, de modo que as transformações culturais e as mudanças comportamentais das faixas mais jovens da população possam ser observadas também.

    Um estudo que levou em conta o condicionador em questão foi o de Scherre sobre a concordância nominal, já mencionado. Como resultado, temos a seguinte distribuição: as mulheres realizaram concordância nominal padrão em 65% das ocorrências, enquanto os homens o fizeram em 46% dos dados. Veja-se que, nesse caso, pode-se dizer que as mulheres se mostram mais conservadoras.

- **Faixa etária.** A relação entre variação linguística e idade do falante tem suscitado muitas reflexões entre os sociolinguistas no Brasil e no mundo, pois, em geral, no controle desse condicionador entra em jogo a questão da mudança linguística. Tornaremos a tratar de mudança adiante; por ora, basta saber que *variação* implica duas ou mais formas que concorrem para expressar um mesmo significado referencial/representacional, enquanto *mudança* implica processo de substituição gradual de uma forma por outra. Para alguns autores, a variação condicionada pela faixa etária dos falantes tem um nome próprio: *variação diageracional*.

Um exemplo de estudo em que a faixa etária se mostrou um condicionador relevante foi o que Emilio Pagotto (2001) realizou em sua tese, com dados do Varsul e da amostra Brescancini. O autor verificou como se dava a pronúncia de consoantes oclusivas alveolares diante de /i/ na fala de florianopolitanos, considerando três variantes: a não africada (como em [t]ia), a africada não palatal (como em [ts]ia) e africada palatal (como em [tʃ]ia), sendo que as duas últimas variantes são consideradas "inovadoras" e a primeira é a mais antiga e é também considerada uma marca de identidade de Florianópolis.

Os resultados de Pagotto revelaram a seguinte distribuição, com relação à variante [t]: os falantes de 15 a 23 anos a realizaram em 42% das ocorrências, os falantes de 25 a 50 anos em 66% das ocorrências, e os falantes com mais de 50 anos em 69% dos dados. É possível notar, nesses resultados, uma tendência dos falantes mais velhos a preferirem a forma mais antiga, ao passo que os mais novos preferem a forma nova.

Vale ainda salientar que, na análise da variação linguística em sua dimensão externa, o nível de escolaridade, o nível socioeconômico e o sexo/gênero dos falantes não devem ser considerados isoladamente e podem explicar, entre outras coisas, o fato de um dialeto se enquadrar em maior ou menor grau entre as variedades cultas. Com relação à faixa etária, estudos têm mostrado que ela não pode ser estudada sem que se leve em conta uma correlação entre indivíduo e comunidade, e entre esse fator e os demais condicionadores sociais.

Além disso, é importante observar que esses não precisam ser os únicos condicionadores sociais controlados em uma pesquisa sociolinguística; o papel do falante dentro de uma comunidade ou dentro de uma rede social e seu grau de exposição à mídia, entre outros, são condicionadores que podem se mostrar significativos na análise de um fenômeno em variação.

Já vimos que a região onde uma pessoa nasceu e/ou mora pode influenciar o modo como ela fala, assim como diferentes fatores de ordem social. Agora, vamos ver que um mesmo falante pode usar diferentes formas linguísticas dependendo da situação em que se encontra. Basta pensarmos que a maneira como falamos em casa, com nossa família, não é a mesma como falamos em nosso emprego, com o chefe. O que está em jogo aí são os diferentes "papéis sociais" que as pessoas desempenham nas interações de que participam em diferentes "domínios sociais": na escola, na igreja, no trabalho, em casa, com os amigos etc. Esse tipo de variação linguística, resultante dos diferentes papéis sociais que desempenhamos nas diferentes situações comunicativas, recebe o nome de **variação estilística** ou *diafásica*.

Nossos papéis sociais se alteram conforme as situações comunicativas das quais participamos – por exemplo, entre professor e aluno, patrão e empregado, pai e filho, entre irmãos etc. – e estão intimamente relacionados aos tipos de relações que ocorrem entre o locutor e seu interlocutor (as chamadas *relações de poder e solidariedade*, que remetem às relações sociais de hierarquia e intimidade/proximidade que existem entre os participantes de uma situação comunicativa), ao contexto ou domínio social em que se dá a interação, como já mencionado, e até mesmo ao assunto sobre o qual se conversa.

Esses são fatores relacionados à variação estilística, que decorre, em suma, da *adequação* que os interlocutores fazem de sua fala ao contexto geral em que ocorre a comunicação. Certamente, em situações formais, usamos uma linguagem mais monitorada, ou seja, prestamos mais atenção à forma como falamos, enquanto que, em situações mais informais, usamos uma fala mais coloquial. Essas duas linguagens são chamadas, respectivamente, de *registro formal* e *registro informal*. Assim como escolhemos uma roupa para cada situação, também escolhemos (consciente ou inconscientemente) a língua que vamos usar em diferentes contextos comunicacionais.

A língua e a moda

A língua, no que diz respeito à variação estilística, pode ser comparada à moda. Para nos adequarmos à moda, da mesma forma como não vamos à praia de terno e gravata ou de sapato alto, também não vamos a um tribunal em trajes de banho. E assim é com a língua: não falamos com o chefe, no trabalho, da mesma forma como falamos em casa, com os familiares, ou num bar, com os amigos.

Pode parecer uma comparação um tanto óbvia, mas muitas pessoas não se dão conta de que *é tão **inadequado** usar uma linguagem coloquial em uma situação formal quanto é **inadequado** usar uma fala muito monitorada em um contexto informal.*

Apesar da classificação entre registro formal e informal, normalmente nossa fala não apresenta somente esses dois extremos. É mais apropriado pensarmos que existe um *continuum* que perpassa situações de maior ou menor formalidade, correspondendo a registros mais ou menos formais, entre esses dois polos. Eventualmente, falantes vão apresentar uma escala maior ou menor de possibilidades de registro, dependendo de seu desempenho linguístico. As crianças, por exemplo, usualmente não apresentam uma escala grande e, portanto, têm menor possibilidade de variar estilisticamente.

Um importante estudo sobre variação em que se perceberam influências estilísticas é o trabalho clássico de Labov a respeito da variação do /r/ no inglês. Ele realizou cinco coletas de dados distintas, que apontaram uma gradação entre, num extremo, um estilo menos monitorado/informal e, noutro, um mais monitorado/formal, nessa ordem: conversa informal, entrevista com o informante, leitura de um texto, leitura de palavras e leitura de pares mínimos. Labov atestou a correlação entre o emprego das variantes de prestígio nos estilos mais formais e o das variantes de menor prestígio nos estilos mais casuais.

No Brasil, o trabalho de Miriam Lemle e Anthony Naro (1977) sobre a variação na concordância verbal foi pioneiro na consideração de fatores estilísticos. Eles chegaram ao resultado de que, em contextos familiares e em situações menos formais, os falantes eram menos propensos a realizar a marca de concordância verbal padrão de P6 do que em contextos não familiares e em situações mais formais, em que era favorecida a marcação de concordância padrão.

Outro estudo que buscou investigar a variação estilística foi o de Joana Arduin e Izete Lehmkuhl Coelho (2006) sobre a variação nos "pronomes possessivos de P2". Com o objetivo de observar a distribuição das variantes 'teu' e 'seu' em Florianópolis e Porto Alegre, as autoras selecionaram, dentre as entrevistas do Varsul, os trechos de *discurso reportado*. Nesses trechos das entrevistas, temos relatos de histórias que aconteceram com o falante, com pessoas de sua família, de seu trabalho, entre amigos etc. Esses relatos nos permitem, muitas vezes, detectar o *tipo de relação* que há entre os interlocutores.

Elas classificaram as relações entre os interlocutores como sendo de três tipos: (i) **relação assimétrica de superior para inferior (descendente):** estabelecida na fala de pai para filho, de patrão para empregado, de falante mais velho para falante mais novo etc.; (ii) **relação simétrica entre iguais:** estabelecida na fala entre amigos, entre irmãos etc.; e (iii) **relação assimétrica de**

inferior para superior (ascendente): estabelecida na fala de filho para pai, de empregado para patrão, de falante mais novo para falante mais velho etc.

Como resultado, as autoras encontram a seguinte distribuição: nas relações em que o locutor era considerado hierarquicamente superior ao seu interlocutor (ou seja, assimétricas descendentes), o pronome 'teu' foi preferido em 91% das ocorrências; nas relações em que o locutor é hierarquicamente igual ao seu interlocutor (isto é, simétricas), essa variante teve, igualmente, 91% da preferência dos falantes; e nas relações em que o locutor era considerado hierarquicamente inferior ao seu interlocutor (ou seja, assimétricas ascendentes), a forma 'teu' atingiu a marca de 44% de uso, apenas.

Observe que o pronome possessivo 'teu' é mais frequente nos dois primeiros tipos de relação, o que pode indicar que essa variante é aquela mais associada ao *registro informal*, considerando o *continuum* de que falamos anteriormente.

Além da variação regional, da variação social e da variação estilística, é comum encontrarmos em trabalhos sociolinguísticos um outro tipo de variação: a **variação entre a fala e a escrita** ou **diamésica**.

Variação diamésica

A palavra *diamésica* se relaciona etimologicamente à ideia de vários *meios*; no contexto da Sociolinguística, os meios ou códigos a que nos referimos são a *fala* e a *escrita*. É importante notar que este é um tipo de variação linguística um tanto diferente dos que vimos até agora, pois concerne a características de dois códigos distintos enquanto os outros tipos dizem respeito a fenômenos que se manifestam no mesmo código – geralmente o da fala (embora de uns anos para cá haja cada vez mais estudos sociolinguísticos em que a escrita é o meio analisado).

Para estudar a variação diamésica, é necessário entender que existem diferenças entre o meio falado e o meio escrito. Podemos dizer que, salvo em situações excepcionais, a produção de um texto falado é uma atividade *espontânea*, *improvisada* e *suscetível à variação* nos diversos níveis. Já a escrita constitui-se como uma atividade *artificial* (não espontânea), *ensaiada* (no sentido de que reservamos tempo e espaço para planejamento, revisões e reformulações), e um pouco *menos variável*, pois em geral está mais vinculada à produção de gêneros sobre os quais há maior pressão de regras normativas e maior monitoramento. Essas diferenças devem ser relativizadas, uma vez que a relação entre fala e escrita, assim como entre registro formal e registro informal, não é dicotômica, mas contínua.

Vale ressaltar que, dadas as diferenças entre as modalidades falada e escrita, não é aconselhado olhar para os dados de fala e escrita juntos e tratar os dois meios como condicionadores de um fenômeno variável. Uma abordagem mais adequada seria aquela em que é feita uma análise de uma amostra de fala e outra de uma amostra de escrita e, depois, se for o caso, uma comparação entre os resultados das duas análises, considerando-se as particularidades dos dois tipos de texto. Um bom exemplo é a dissertação de Silva-Brustolin (2009), em que a autora observou a variação entre os pronomes *nós* e *a gente* na fala e na escrita de alunos do ensino fundamental de escolas públicas de Florianópolis (SC).

Vimos até aqui a atuação de diferentes condicionadores extralinguísticos em fenômenos variáveis no português do Brasil e no inglês americano. É importante observar que os condicionadores externos são controlados *conjuntamente* numa pesquisa sociolinguística, e que os resultados mais interessantes são aqueles em que podemos perceber várias *forças* atuando juntas. O fato de apresentarmos um ou outro condicionador externo como sendo relevante em determinado estudo não quer dizer que o pesquisador não tenha investigado a interação desse condicionador com outros. Vale lembrar também que é necessário *relativizar* os resultados quando tratamos de influências externas à língua. Cada comunidade é diferente e, portanto, apresenta condicionadores externos atuando de maneira diferente.

3.2 Variação e identidade: o caso de Martha's Vineyard

Os condicionadores extralinguísticos foram o alvo do estudo pioneiro de Labov de 1962, realizado na ilha de Martha's Vineyard (Massachusetts, Estados Unidos). A motivação desse estudo foi sua percepção de que os ditongos /ay/ e /aw/ (como em *right* e *house*, respectivamente) poderiam ser pronunciados de diferentes maneiras. Além das variantes padrão, [ay] e [aw], havia outras que tendiam à *centralização* da primeira vogal. Cada variável controlada por Labov apresentava três variantes: /ay/ poderia ser pronunciado como [ay], [əy] e [ey], e /aw/ poderia ser pronunciado como [aw], [əw] e [ew].

Labov foi, então, em busca de explicações para a variação fonológica que observou e chegou a resultados que indicaram que a **identidade** dos falantes, em termos de sentimento de pertencimento a um local, a um povo ou a uma cultura (entre outros fatores), pode se mostrar como um condicionador extralinguístico que motiva a variação linguística.

O sociolinguista procurou dados dos ditongos /ay/ e /aw/ em diferentes situações: na fala casual, através da observação da interação entre falantes na rua, em bares etc.; na fala com acento emocional, através de questionários que requeriam dos informantes juízos de valor sobre formas linguísticas; na fala cuidada, através de entrevistas; e na leitura, pedindo aos informantes para que lessem uma história em voz alta. As entrevistas foram realizadas com 69 nativos, estratificados socialmente, de acordo com os seguintes condicionadores: (i) região: *up-islanders* (provenientes da Up-Island, uma região rural) e *down-islanders* (provenientes da Down-Island, uma região urbana que abrigava 75% da população da ilha à época); (ii) ocupação: pescadores, agricultores, operários de construções, comerciantes, profissionais liberais, donas de casa e estudantes; (iii) grupo étnico: descendentes de ingleses, de portugueses e de indígenas; (iv) sexo/gênero: homens e mulheres; e (v) faixa etária: 14-30 anos, 31-25 anos, 46-60 anos, 61-75 anos e acima de 75 anos.

Foram considerados, além dos condicionadores extralinguísticos, os seguintes condicionadores internos: a) ambiente fonético: quais eram as consoantes precedentes e subsequentes aos ditongos /ay/ e /aw/; b) fatores prosódicos: a tonicidade das formas linguísticas em que apareciam os ditongos; c) influência estilística: as diferentes situações em que os dados foram coletados (fala casual, fala com acento emotivo, fala cuidada e leitura); e d) considerações lexicais: em que palavras esses ditongos tendiam a ser pronunciados centralizados. Os condicionadores linguísticos, nessa pesquisa, mostraram-se pouco ou não significativos.

Vejamos primeiramente os resultados da pesquisa para depois entendermos as conclusões a que Labov chegou.

Quanto ao condicionador "faixa etária", considerando-se todos os falantes entrevistados, o grupo que mais favoreceu a centralização dos ditongos /ay/ e /aw/ foi o da faixa de 31 a 45 anos. Com relação à localidade, a região Up-Island (área rural) foi a que mais apresentou centralização, sendo que os mais altos índices foram encontrados entre os habitantes de um lugarejo chamado Chilmark, onde a maior parte da economia está concentrada na pesca. E foi exatamente o grupo dos pescadores, no controle do condicionador "ocupação", que apresentou os maiores índices de centralização. Já quanto à "etnia", foram os descendentes de ingleses que se destacaram. Além disso, houve outro condicionador que se revelou significativo nos juízos de valor dos informantes: a questão da identidade e da atitude.

Esses resultados fazem muito sentido quando associados à história social da ilha. A região de Chilmark, na Up-Island, é habitada por descendentes de ingleses que, como dissemos, têm na pesca sua principal ocupação. Eles são conhecidos por se diferenciarem dos demais habitantes da ilha, por serem independentes e por defenderem seu modo de vida. Acontece que, àquela época, Martha's Vineyard vinha passando por grandes transformações econômicas e sociais. A prática da pesca, uma atividade tradicional, vinha decaindo e a atividade turística estava crescendo, invadindo a ilha não só espacialmente como também culturalmente. Esse processo resultou em uma divisão: de um lado, ficaram os que, na tentativa de preservar sua cultura e identidade, reagiram negativamente à atividade turística; de outro lado, aqueles que reagiram positivamente ou não se importaram com as mudanças, buscando integração com a nova atividade econômica e com as diferenças culturais trazidas por ela. Os habitantes de Chilmark incluíram-se majoritariamente no primeiro grupo.

Por conta do perfil dos habitantes de Chilmark é que dizemos que o estudo de Labov em Martha's Vineyard tem seus resultados amparados na **identidade** e na **atitude** dos falantes com relação à ilha. Aqueles que se identificam com a ilha e são avessos aos turistas centralizam mais os ditongos /ay/ e /aw/ para preservarem sua marca de identidade, como os habitantes de Chilmark; aqueles que são "neutros" ou reagem positivamente ao turismo apresentam em menor escala essa centralização ou não a apresentam.

Os resultados de Labov indicaram que a centralização dos ditongos /ay/ e /aw/ estava atrelada à estratificação social dos informantes, muito mais do que aos fatores de natureza interna. Em outras palavras, podemos dizer que as explicações encontradas não estavam na estrutura da língua – não havia quase nada no contexto linguístico que condicionava um falante a pronunciar de uma maneira ou de outra os ditongos pesquisados –, mas sim fora da língua, no contexto social dos informantes da pesquisa.

4. FECHANDO ESTE CAPÍTULO

Neste capítulo, demos os primeiros passos no estudo da disciplina Sociolinguística, uma subárea da Linguística que se ocupa da relação entre língua e sociedade. Tratamos, em primeiro lugar, de apresentar conceitos fundamentais que fazem parte da terminologia da Sociolinguística, e em seguida partimos para a análise da dimensão interna da língua, em que contemplamos os níveis linguísticos em que ocorre variação: *lexical, fonológico, morfológico, sintático* e *discursivo*, e os condicionadores internos; e da dimensão externa, em que vimos os seguintes tipos de variação: *regional, social, estilística* e *entre fala e escrita*, e os condicionadores externos. Fizemos essa análise a partir da discussão de diferentes regras variáveis e de conjuntos de variantes que se alternam de acordo com motivações internas e externas. Trouxemos também considerações a respeito da relação entre língua e identidade, quando apresentamos o clássico estudo de Labov realizado em Martha's Vineyard.

Leituras complementares:

- O livro *Sociolinguística*, de Izete Lehmkuhl Coelho et al. (2010), elaborado para uso em cursos de ensino a distância, apresenta aspectos teórico-metodológicos da Sociolinguística Variacionista e é finalizado com reflexões sobre a relação entre variação/mudança e ensino de língua.
- No livro *O português da gente: a língua que estudamos, a língua que falamos*, Rodolfo Ilari e Renato Basso (2011) oferecem um panorama da língua portuguesa, abordando sua origem no latim, passando por sua expansão de Portugal a América e chegando a características atuais do português falado no Brasil, a tipos de variação e a considerações a respeito do ensino de língua.
- *Sociolinguística – parte II*, de Roberto Camacho (2006), é um capítulo de livro que introduz conceitos-chave e postulados teóricos da Sociolinguística. O autor também analisa fenômenos em variação no português brasileiro, apontando condicionadores internos e externos.
- O volume *Introdução à sociolinguística: o tratamento da variação*, organizado por Maria Cecilia Mollica e Maria Luiza Braga (2008), traz considerações a respeito de questões teórico-metodológicas, como a relevância dos condicionadores externos e internos nos fenômenos de variação e algumas etapas da pesquisa sociolinguística.

Exercícios

1. Leia os trechos de uma entrevista transcrita (dados de fala) e da produção escrita (dados de escrita) de duas alunas de 9º ano (retirados de Silva-Brustolin, 2009), depois responda as questões a) e b) propostas a seguir.

> TEXTO 1: DADOS DE FALA
>
> Bom, a minha história é que um dia, quando eu tinha seis anos, é, eu fui passeá na fazenda de uma amiga minha. Era sábado de manhã e a gente saiu de casa. Mais quando a gente chegô lá, eu fiquei muito animada e a gente quis í vê os animais, então a gente foi vê as galinha. Daí quando eu entrei lá dentro meu chinelo ficou entalado, daí a minha amiga, o nome dela é Sofia, ela foi lá tentá tirá meu chinelo, aí eu fiquei tão animada quando eu vi o chinelo na mão dela, qu'eu peguei e larguei a porta e fui pegá meu chinelo e as galinha fugiro. (Informante A)

> TEXTO 2: DADOS DE ESCRITA
>
> Pra mim uma das coisas mais importante é a família. Pois a minha vó e vô mora num sitio em petrolandia e todos meses a gente aluga um onibus e vamos toda a familia deis de filhos, tios e netos.
> Fomos pra la esse mês pro aniversario dos meus avós, la nós dançamos, eu dirigi a moto do meu tio, andamos de cavalo, fizemos quentão resumindo fizemos uma festa de arromba e o mais importante é que a família estava toda unida e felizes. (Informante B)

a. Identifique, nos Textos 1 e 2, um fenômeno variável para cada nível linguístico (fonético-fonológico, morfológico, sintático e discursivo – sinta-se à vontade para identificar casos de interface!) e descreva cada um desses fenômenos, conforme o exemplo no quadro a seguir:

Descrição do fenômeno variável	Variante encontrada nas narrativas	Nível linguístico
Inserção de vogal em sílaba (epêntese)	Mais (em vez de 'mas')	Fonético-fonológico

b. Escolha um dos fenômenos variáveis que você identificou nos Textos 1 e 2 e:
- identifique as **variantes** dessa variável;
- levante um **grupo de fatores** linguístico e outro extralinguístico como possíveis condicionadores do uso de uma das variantes.

2. A tabela a seguir foi retirada do estudo que Labov desenvolveu na ilha de Martha's Vineyard. Nela, vemos a frequência de centralização da primeira vogal dos ditongos /ay/ e /aw/ em oposição à pronúncia não centralizada e a correlação do uso dessas variantes (a pronúncia centralizada de /ay/ e a pronúncia centralizada de /aw/) com a avaliação dos falantes em relação à ilha (positiva quando se identificam com a cultura local e desaprovam o turismo, negativa quando não se identificam com a cultura local e aprovam o turismo, e neutra quando não têm posição definida).

Tabela 1: Avaliação e uso da variante centralizada dos ditongos /ay/ e /aw/ na ilha de Martha's Vineyard (adaptada de Labov, 1972: 39).

Número de falantes	Avaliação	Centralização de /ay/	Centralização de /aw/
40	Positiva	63%	62%
19	Neutra	32%	42%
06	Negativa	09%	08%

Com base nos dados apresentados na Tabela 1 e no seu conhecimento sobre esse estudo de Labov, discuta a importância de se considerarem os condicionadores externos na análise de um fenômeno linguístico em variação.

A TEORIA DA VARIAÇÃO E MUDANÇA LINGUÍSTICA

Objetivos gerais do capítulo

- Da Linguística à *Socio*linguística – um breve apanhado histórico do surgimento e desenvolvimento da Teoria da Variação e Mudança;
- Pressupostos teóricos – uma introdução aos princípios básicos da Teoria da Variação e Mudança;
- Problemas empíricos para uma Teoria da Variação e Mudança – questões que norteiam a pesquisa sociolinguística.

1. DA LINGUÍSTICA À *SOCIO*LINGUÍSTICA

No capítulo anterior, apresentamos o fenômeno da variação linguística. Vimos como a língua que falamos nos põe à disposição diferentes formas para expressar os mesmos significados, sem perder sua sistematicidade ou seu poder como instrumento de comunicação. Apontamos também que a Sociolinguística é a subárea específica da Linguística com teoria e métodos voltados à compreensão da variação e da mudança nas línguas.

Para entender melhor os pressupostos teóricos dessa área, vamos contextualizar, em termos gerais, os estudos da linguagem do século XIX e do início do século XX. Começamos falando rapidamente dos estudos histórico-comparativos e dos neogramáticos, para em seguida tratarmos das perspectivas do linguista suíço Ferdinand de Saussure e do linguista americano Noam Chomsky.

Os estudos linguísticos no século XIX foram marcados por duas grandes tradições: a do método histórico-comparativo e a neogramática. A primeira tinha como propósito estabelecer correspondências sistemáticas entre duas ou mais línguas ou entre dois ou mais estágios da mesma língua. Na tradição **neogramática**, consolidada principalmente na obra de Hermann Paul, encontram-se pressupostos de uma teoria da mudança que teve grande impacto nas discussões linguísticas posteriores. A hipótese principal de Paul sobre a mudança leva em consideração a língua de um falante-ouvinte individual (o idioleto), uma realidade fundamentalmente psicológica, homogênea, dissociada das relações sociais.

É aos neogramáticos que devemos o princípio da *regularidade mecânica* e a noção de *analogia*, vigentes ainda hoje nos estudos linguísticos. O princípio da *regularidade mecânica* aplicava-se a mudanças que incidiam sobre os sons da língua automaticamente, atingindo todas as palavras de modo abrupto, independentemente de sua classe, sem exceção – são as chamadas *leis fonéticas*. Quando as leis fonéticas não se aplicavam, a mudança passava a ser explicada pelo processo de *analogia*, compreendido como a regularização de novas formas à semelhança de padrões gramaticais preexistentes.

No início do século XX, Saussure, marco da corrente linguística denominada **estruturalismo**, rompe com a tradição de estudos históricos e comparativos vigente no século anterior e delimita, como objeto de estudo da Linguística, a língua (*langue*) tomada em si mesma, vista como um sistema de signos que estabelecem relações entre si formando uma estrutura autônoma, desvinculada de fatores externos sociais e históricos. O foco na mudança, que era uma preocupação do século XIX, é desviado para um recorte no tempo em que interessam apenas as relações internas estabelecidas simultaneamente entre os elementos do sistema linguístico. Assim, a perspectiva diacrônica (histórica e dinâmica) no estudo da língua cede lugar à sincrônica (atemporal e estática).

Nos Estados Unidos, a visão estruturalista cede espaço, na década de 1960, ao **gerativismo**, fundado por Noam Chomsky. Para essa corrente, uma língua é um sistema abstrato de regras para a formação de sentenças, derivado do estado inicial da faculdade da linguagem, um componente inato à espécie humana. Assim como o estruturalismo, o gerativismo considerava a língua um sistema homogêneo desvinculado de fatores históricos e sociais.

O objeto da Linguística, para o autor, não era a fala dos indivíduos, mas as intuições do pesquisador acerca da língua e seus julgamentos sobre a gramaticalidade das frases. Nessa perspectiva, o indivíduo é tido como um falante-ouvinte ideal, situado numa comunidade de fala homogênea e abstrata.

Tanto a abordagem neogramática como a estruturalista saussureana e a gerativista concebiam seu objeto de estudo como uma entidade homogênea. Além do mais, a relação desse objeto com a sociedade que dele fazia uso era considerada algo teoricamente irrelevante ou, até mesmo, intangível. Havia, porém, pesquisadores que, diferentemente de Paul, Saussure e Chomsky, postulavam uma concepção efetivamente social de língua.

Antoine Meillet foi um deles. Na passagem do século XIX para o XX, o pesquisador enfatizava, em seus textos, o caráter social e evolutivo da língua. Segundo ele, como a língua é um fato social, deve-se recorrer ao domínio social para a compreensão da dinâmica linguística. Assim, do ponto de vista de Meillet, toda e qualquer variação na língua é motivada estritamente por fatores sociais.

Além de Meillet, podemos apontar outros pesquisadores com uma concepção social de língua também no início do século XX. Na perspectiva da Linguística soviética, para Nicolai Marr, por exemplo, as línguas são instrumentos de poder, refletindo a luta de classes sociais, ao passo que o filósofo Mikhail Bakhtin criticava a perspectiva saussureana, defendendo um enfoque da língua na interação verbal historicamente situada.

Foi em meio a essa diversidade de orientações teóricas que aconteceu, em 1966, nos Estados Unidos, o simpósio "Direções para a Linguística Histórica". Em especial, o debate proposto por Uriel Weinreich, William Labov e Marvin Herzog (aos quais nos referiremos, neste livro, como WLH) resgatou a discussão sobre os estudos da mudança linguística e, principalmente, sobre as suas motivações sociais. Seu objetivo era propor um novo conjunto de fundamentos para o estudo da mudança. Para isso, os autores consideraram minuciosamente as propostas dos neogramáticos, estruturalistas e gerativistas em relação ao tema.

Quanto à tradição neogramática, WLH criticam principalmente a natureza psicológica, homogênea e associal do idioleto, bem como a premissa de que é nesse domínio que se dá a mudança. Da proposta dos neogramáticos, acolhem a noção de que a mudança é regular, embora não reconheçam o radicalismo do princípio de que as leis fonéticas se aplicam sem exceção.

Em Saussure, WLH criticam principalmente a visão de língua como uma estrutura autônoma e homogênea, desvinculada de fatores externos, e a separação entre diacronia e sincronia. Da proposta saussureana, os autores assumem a noção de língua como sistema, embora rejeitem a implicação direta entre sistematicidade e homogeneidade.

Quanto à proposta chomskyana, WLH criticam a concepção de língua como um sistema homogêneo, desvinculado de fatores históricos e sociais, assim como a noção de comunidade de fala abstrata, homogênea, composta por falantes-ouvintes ideais. Da mesma forma, criticam o fazer científico com base em dados linguísticos correspondentes às intuições do pesquisador e/ou dos falantes. Por outro lado, compartilham o postulado de que a língua é um sistema abstrato de regras.

É nesse contexto que Weinreich, Labov e Herzog lançam os fundamentos de uma teoria da variação e mudança empiricamente orientada – a nossa conhecida Sociolinguística. Além disso, os autores retomam as contribuições de estudiosos que viam a língua como um fenômeno social. Desse modo, como herança de Meillet, volta a ganhar força a noção de língua como fato social dinâmico, cuja variação é explicada por forças externas ao sistema. A Sociolinguística bebeu, ainda, de outras fontes teóricas, como os estudos de Dialetologia, de Linguística Histórica e de Bilinguismo, desenvolvidos na Europa e nos Estados Unidos na primeira metade do século XX.

Algumas obras foram fundamentais para a proposição e consolidação desse novo programa de estudos: *Fundamentos empíricos para uma teoria da mudança linguística* (*Empirical Foundations for a Theory of Language Change*), publicado em 1968 por WLH; *Padrões sociolinguísticos* (*Sociolinguistic Patterns*), publicado por Labov em 1972; e *Building on Empirical Foundations*, do mesmo autor, de 1982. A partir de então, Labov desenvolveu inúmeros trabalhos voltados para o estudo da língua em seu contexto social, focalizando especialmente a variação fonético-fonológica na língua inglesa. Seu grupo de pesquisa, sediado na Universidade da Pensilvânia (EUA), tornou-se o centro irradiador dessa nova e instigante abordagem da língua, e Labov é tido até hoje como a grande referência da área. No Brasil, as pesquisas no campo da Sociolinguística Laboviana tiveram início na Universidade Federal do Rio de Janeiro, na década de 1970, sob a orientação de Anthony Naro. Desde então, as linhas de pesquisa que se ocupam da descrição de fenômenos variáveis no português do Brasil se multiplicaram, espalhando-se pelas diferentes regiões do país e gerando um grande volume de estudos a respeito de diversas variedades do português.

Qual é, então, a proposta da Sociolinguística? Os pontos fundamentais nessa abordagem são a presença de um componente social na análise linguística e a noção de língua como sistema heterogêneo. Abandona-se, portanto, a língua do indivíduo (idioleto) como objeto de análise, passando-se a considerar a língua do grupo social no âmbito da comunidade de fala. Além disso, as análises da língua deixam de contar apenas com elementos internos ao sistema e passam a considerar fatores extralinguísticos para a explicação de fenômenos de variação e mudança. Em suma, a Sociolinguística se ocupa da relação entre língua e sociedade e do estudo da estrutura e da mudança linguísticas dentro do contexto social da comunidade de fala.

2. PRESSUPOSTOS TEÓRICOS

A contextualização histórica apresentada na seção anterior já aponta para os principais pressupostos teóricos da proposta laboviana. A partir de agora, passaremos a apresentá-los de maneira sistemática.

2.1 A língua como sistema heterogêneo

Retomemos a reflexão feita no início deste livro sobre a fala das pessoas à nossa volta. Vimos que, mesmo apresentando diferenças, elas se entendem perfeitamente, e que isso é possível porque a língua é um sistema organizado, formado por regras categóricas e regras variáveis. Podemos dizer, portanto, que uma língua, ao mesmo tempo em que possui estrutura, também é dotada de variabilidade, ou seja, trata-se de um **sistema heterogêneo**.

Além disso, não se concebe a variação como uma propriedade que possa levar o sistema linguístico ao caos. Mesmo que a princípio se possa pensar que heterogeneidade implica ausência de regras, a Sociolinguística vê a língua como um objeto dotado de **heterogeneidade estruturada** – logo, há regras, sim. Decorre daí que, enquanto a língua concebida como sistema homogêneo contém somente regras categóricas, que sempre se aplicam da mesma maneira, a língua concebida como um sistema heterogêneo comporta, ao lado de regras categóricas, também regras variáveis, condicionadas por fatores tanto do contexto linguístico quanto do extralinguístico.

Um exemplo de regra categórica no português é o da colocação do artigo em relação ao nome que ele determina – o artigo sempre aparece antes do nome: dizemos 'a casa', mas nunca *'casa a'. Do mesmo modo, sabemos que não é possível uma construção como *'o este dia'; podemos dizer apenas 'o dia' ou 'este dia', sem 'acumular' pronome demonstrativo e artigo na mesma posição. A Sociolinguística considera esse tipo de regra, mas este não é o seu interesse primordial. Seu foco são as **regras variáveis** da língua, aquelas que permitem que, em certos contextos linguísticos, sociais e estilísticos, falemos de uma forma, e, em outros contextos, de outra forma – ou seja, que alternemos duas ou mais **variantes** (formas que devem ter o mesmo significado referencial/representacional e ser intercambiáveis no mesmo contexto).

A regra variável é uma regra gramatical, e, sendo assim, não é qualquer forma linguística que pode assumir o papel de uma das variantes, uma vez que elas sofrem restrições do próprio sistema linguístico. Um caso desse tipo de regra pode ser observado nas seguintes ocorrências de variação na marcação da concordância verbal de P4, citadas por Zilles et al. (2000: 200 e 208), a partir de uma amostra de fala do Varsul:

(1) Nós *falamos* corretamente português.
(2) Aí tá, aí *fomo* pro restaurante, mas um restaurante lindo, dois pisos.
(3) Então muitas vezes nós *cansava* de jogar um com o outro em apostas pra nós subi as escadas de joelhos, quem chegasse primeiro, né?
(4) *Fica* só nós.

Como podemos observar, há três maneiras de assinalar a concordância verbal nesses dados: com o morfema padrão de P4 -*mos* ('falamos'); com o morfema de P4 sem o /s/ final -*mo* ('fomo'); e com morfema zero ('cansavaØ', 'ficaØ'). Essas três formas em variação têm uma propriedade em comum: a manutenção do significado referencial/representacional de P4, que nos dois primeiros casos está dada pelo morfema -*mos/-mo* ('fala<u>mos</u>' e 'fo<u>mo</u>') e, no último caso, pelo pronome 'nós' ('nós cansavaØ'/'ficaØ nós'). Notemos também que a relação de concordância variável desses sintagmas plurais dificilmente poderia ser estabelecida de uma maneira diferente. O pronome 'nós', por exemplo, não poderia se combinar com verbo em P1, como em *'nós can<u>sei</u>', uma vez que o morfema -*ei* marca distintivamente a primeira pessoa do singular. Em 'nós cansava', porém, não há conflito de referência, pois nesse caso o morfema verbal de pessoa e número é *zero*, ou seja, é não marcado morfologicamente. Esses exemplos mostram, portanto, que há regras na língua regendo a variação, isto é, que a variação é *sistematicamente ordenada*.

Para entendermos melhor como os conceitos teóricos apresentados se relacionam com o funcionamento da regra variável, continuemos examinando nossos exemplos. A variável linguística de que tratamos é a concordância verbal de P4 – esse é o "lugar" da língua em que a variação em questão ocorre. Nesse caso, *-mos*, *-mo* e *zero* são variantes que coocorrem e concorrem para a expressão da concordância de P4, isto é, são opções de dizer a mesma coisa de maneiras diferentes que se alternam e entram em disputa na sociedade. A escolha entre uma ou outra das variantes é motivada por fatores internos ou externos à língua – os *condicionadores*.

Observar que há condicionadores internos e externos que explicam a escolha por uma ou outra variante é outra maneira de atestar a sistematicidade da variação. Pensemos primeiramente em algumas forças internas que nos ajudam a entender as tendências encontradas na variação da concordância verbal em questão. Em vários estudos sociolinguísticos feitos no Brasil, dois grupos de fatores têm se mostrado bastante significativos na escolha da forma *zero* no lugar de *-mos/-mo* na variação da concordância verbal de P4: "posição do acento no verbo" e "posição do sujeito na sentença". No primeiro caso, resultados indicam que falantes preferem cortar a última sílaba de palavras proparoxítonas, favorecendo a omissão de *-mos/-mo* ('nós cansávamos' > 'nós cansavaØ'). Essa variação segue o curso da tendência geral do português, desde o latim, de evitar proparoxítonas. No segundo caso, a ordem posposta do sujeito, como em 'ficaØ nós', tem se mostrado um ambiente sintático menos favorável à marcação explícita de concordância verbal no português – tendência verificada também na variação da concordância com outras pessoas do discurso (P2 e P6, por exemplo). É como se nessa ordem (verbo-sujeito) o sintagma nominal posposto não fosse mais reconhecido como sujeito da sentença, mas sim como objeto, e não se espera haver concordância entre verbo e objeto. Os fatores "proparoxítona" e "ordem posposta do sujeito", portanto, mostram-se fortes condicionadores internos da não marcação explícita da concordância de P4.

Com relação aos condicionadores externos, eles desempenham um papel importante na manutenção da alternância das formas variáveis na língua.

Enquanto as variantes linguísticas são opções de dizer a mesma coisa de várias maneiras, elas podem se distinguir em sua significação social e/ou estilística. Ao controlar grupos de fatores sociais que atuam no favorecimento ou desfavorecimento de uma das variantes na marcação da concordância de P4, estudos mostram que "escolaridade" é uma variável bastante significativa: a desinência padrão -*mos* é fortemente favorecida com o aumento da escolaridade, enquanto falantes menos escolarizados tendem a usar preferencialmente o morfema *zero*. Nota-se aqui também uma sistematicidade de comportamento social com relação ao uso de determinadas regras variáveis. Do ponto de vista de adaptação das formas em variação ao contexto imediato do ato de fala, entendida aqui como "estilo", a variação na concordância de P4 também é atestada, mostrando comportamento linguístico sistemático. Há uma preocupação muito maior de marcação explícita da concordância em situações de mais formalidade, em que o grau de atenção à fala está mais ativado, e uma tendência a um uso menor de marcação explícita quando o falante se envolve com o que está relatando e se esquece de monitorar sua fala.

Desse modo, as regras variáveis da língua são sistemáticas, indicando padrões linguísticos e padrões sociais e estilísticos de comportamento. O termo *padrão*, nesse caso, é entendido como um uso regular e frequente de uma dada variante, isto é, como uma tendência de comportamento linguístico. É nessa acepção que deve ser compreendido o título do clássico *Padrões sociolinguísticos*, de Labov (2008 [1972]).

Chegamos, pois, a mais um dos princípios centrais da Teoria da Variação e Mudança (TVM):

> A LÍNGUA É UM SISTEMA INERENTEMENTE HETEROGÊNEO E ORDENADO

No início deste capítulo, vimos que as principais teorias linguísticas dos séculos XIX e XX concebiam a língua como um sistema homogêneo e a variação como um "acidente", algo sem grandes implicações teóricas. Ora, com a Sociolinguística, a variação e a mudança passam a ocupar um papel central nos estudos linguísticos, e sua sistematicidade deixa de ser um mito para ganhar o *status* de fato empírico. Assim, o princípio da heterogeneidade linguística é um importante marco estabelecido pela TVM desde o seu surgimento, e a adoção desse princípio trouxe consequências não só à disciplina, mas aos estudos acerca do ensino de línguas e a outras subáreas da Linguística.

Estreitamente relacionado ao princípio da língua como um sistema dotado de heterogeneidade ordenada está outro, ligado à natureza da competência linguística dos falantes frente a esse sistema:

> A COMPETÊNCIA LINGUÍSTICA DO FALANTE COMPORTA
> A HETEROGENEIDADE DA LÍNGUA

Esse princípio é facilmente inferível a partir do anterior – afinal, se o sistema é heterogêneo e comporta tanto regras categóricas quanto variáveis, a competência linguística do falante envolve o domínio para lidar com a heterogeneidade do sistema. Em outras palavras, a língua comporta regras variáveis que permitem que um falante A aprenda uma forma usada por um falante B e a adote como sua, sem abandonar a forma que usava.

Ora, se tanto o sistema linguístico quanto a competência dos falantes abrem espaço para estruturas heterogêneas e se o comportamento linguístico variável dos falantes pode ser entendido como o domínio de diversos estilos, chegamos naturalmente a mais um princípio da Teoria da Variação e Mudança:

> NÃO EXISTE FALANTE DE ESTILO ÚNICO

Antes de seguirmos a outra série de princípios da TVM, relacionados às relações entre língua e sociedade, vamos ver rapidamente uma discussão a respeito de níveis linguísticos em que se manifestam as regras variáveis, enfatizando o que ficou conhecido na área como a polêmica Labov *versus* Lavandera.

Problematizando a noção de variante

O princípio sociolinguístico de que a variação ocorre em todos os níveis linguísticos já foi fortemente contestado. Quando os estudos variacionistas começaram, trabalhava-se predominantemente no campo da fonologia, no qual a noção de variação como a competição entre duas ou mais formas de mesmo significado se aplica com clareza.

No entanto, a partir da década de 1970, alguns estudos se voltam à variação na sintaxe. O primeiro deles foi conduzido por Labov e Judith Weiner (1977), a respeito da variação entre as construções passivas sem agente ("A vidraça foi quebrada") e as ativas com sujeito genérico ("Quebraram a vidraça") do inglês. Eles verificaram que a escolha de uma ou outra variante não era motivada socialmente (ou seja, não havia influência de condicionadores externos), mas apenas internamente.

Lavandera (1977) pôs em xeque o trabalho dos autores, questionando (i) a ampliação dos estudos variacionistas para níveis além do fonológico – a autora argumenta que, para além desse nível, cada forma tem um significado, o que bloquearia a variação; e (ii) o fato de os condicionadores extralinguísticos não terem se mostrado relevantes nesse estudo.

Em sua resposta às críticas de Lavandera, Labov acabou por relativizar a noção de "mesmo significado", ao estabelecer que o conceito de variável linguística deveria ser aplicado a "dois enunciados que se referem ao mesmo estado de coisas e que têm o mesmo valor de verdade" (entendendo "estado de coisas" como "significado representacional"). Além disso, Labov argumenta que ao realizarmos estudos sociolinguísticos não estamos somente preocupados em verificar a relevância dos fatores sociais, mas, antes disso, em obter um retrato da estrutura gramatical da língua.

Esse debate abriu caminho não só para estudos de variação (morfo)sintática como também de variação discursiva. Muitos pesquisadores entenderam que a quantificação de fenômenos (morfo)sintáticos e discursivos pode, além de nos fornecer bons indicadores da relevância de diversos condicionadores, ser um instrumental útil inclusive para se verificar a ausência de variação.

2.2 As formas variantes como portadoras de significado social

Prosseguimos nosso contato com a Sociolinguística discutindo um tema bastante caro à área: trata-se do **significado social** ou **valor social das formas variantes**. Consideremos as sentenças a seguir, extraídas de redações de alunos do ensino fundamental de uma escola pública de Florianópolis:

(5) Mais *tu* é troxa demais.
(6) Depois, *a gente saímos* do shopping e *fomos* no parque de diversões.
(7) *Nós tava* andando de Bike.

O que difere as três quanto à ocorrência de um fenômeno variável? A princípio, nada, pois em todas há manifestações de um mesmo fenômeno: o da concordância variável entre verbo e sujeito. No entanto, algo parece nos dizer que elas não são totalmente idênticas na manifestação desse fenômeno: para muitos falantes do sul do Brasil, por exemplo, as duas últimas sentenças são menos aceitáveis que a primeira. Isso reflete uma face da variação pela qual a Sociolinguística também se interessa: a do significado social das variantes. A concordância 'tu é', apesar de não fazer parte de determinadas variedades cultas do português, no sul do país já se encontra amplamente difundida na fala de diversas camadas socioeconômicas. Por sua vez, as construções 'a gente saímos' e 'nós tava' nessa região ainda se encontram fortemente associadas a certos grupos de falantes – especialmente, os pertencentes a camadas com baixa renda e/ou pouca escolaridade. Contudo, não há nada intrínseco ao fenômeno observado nos três exemplos que torne um "melhor" que o outro – tanto é que essa avaliação difere em grande medida em outras regiões do país. O que distingue as sentenças é *o valor atribuído* a um estrato da sociedade que usa (ou que imaginamos que usa) certas construções e não outras.

Essa confusão entre fazer julgamento à língua e julgamento ao falante é um dos fatores que permitem a existência e a perpetuação do **preconceito linguístico** em nossa sociedade. Com o falso argumento de que uma construção é, em si, "errada", abre-se espaço para que marginalizemos os falantes que fazem uso dessa construção. Uma das contribuições da Sociolinguística é justamente a de desmascarar esse argumento: incontáveis pesquisas já constataram que não há nada nas formas variáveis de uma língua que permita afirmar que umas sejam melhores ou mais corretas do que as outras, ou que o uso de uma ou outra forma tenha qualquer relação com a capacidade cognitiva do falante.

Segue daí, portanto, que o julgamento (ou, em termos mais claros, o preconceito) é social. Dizer que tal pessoa ou tal grupo é inferior porque fala de uma forma e não de outra é apenas mais um mecanismo de afirmação e de perpetuação desse preconceito, que se manifesta como preconceito linguístico, mas que nunca deixou de ser social.

Felizmente, não é apenas para a manutenção do preconceito linguístico que se prestam os significados sociais da variação. Vimos que as formas da língua não veiculam apenas seu significado referencial/representacional; elas denunciam em grande medida quem somos: a região de onde viemos, nossa idade, nossa inserção na cultura dominante, nossas atitudes em relação a determinados grupos... E nada mais adequado (e interessante!) que incorporar o valor do significado social das formas ao programa de estudos da Sociolinguística. Adicionamos, desse modo, mais um princípio a nossa lista:

> AS FORMAS DA LÍNGUA VEICULAM, ALÉM DE SIGNIFICADOS REFERENCIAIS/
> REPRESENTACIONAIS, SIGNIFICADOS SOCIAIS

Como veremos mais adiante, o prestígio ou o estigma que uma comunidade associa a uma determinada variante tem o poder de acelerar ou de barrar uma mudança na língua. Essa não é uma afirmação banal. Esperamos que ainda esteja fresca na sua memória a breve história dos estudos linguísticos que traçamos anteriormente. Até poucas décadas atrás, afirmava-se que a mudança não era passível de estudo rigoroso, que não era perceptível, e muito menos se considerava importante buscar fora do sistema possíveis explicações para esse processo. Na abordagem sociolinguística, como podemos acompanhar, o quadro é justamente o oposto.

Reconhecendo que há julgamentos sociais conscientes e inconscientes sobre a língua, Labov formula três categorias de significado social das formas em variação, baseadas no *nível de consciência* que o falante tem sobre determinada variável:

1. **Estereótipos** – São traços socialmente marcados de forma consciente. Alguns deles podem ser estigmatizados socialmente, o que pode conduzir à mudança linguística rápida e à extinção da forma estigmatizada. Outros podem ter um prestígio que varia de grupo para grupo, podendo ser positivo para alguns e negativo para outros. Os estereótipos são comumente explorados, com certo exagero, na composição de personagens de programas humorísticos, em piadas e mesmo em novelas e filmes. Exemplos de estereótipos são as consoantes /d/ e /t/ pronunciadas como [d] e [t] (e não como [dʒ] e [tʃ]) diante de [i], como em 'bom **d**ia, **t**itia!' – formas típicas das variedades florianopolitana e recifense, por exemplo.
2. **Marcadores** – São traços linguísticos social e estilisticamente estratificados, que podem ser diagnosticados em certos testes de avaliação. Os resultados de alguns testes têm mostrado que, apesar de os falantes rejeitarem certas variantes, isso não significa que não fazem uso delas: o julgamento social, assim como o uso, nem sempre é consciente. Um exemplo de marcadores é a variação entre os pronomes 'tu' e 'você' em certas regiões do Brasil. O uso desses pronomes, em geral, não é estigmatizado, mas está correlacionado a variáveis estilísticas (grau de intimidade, por exemplo) e sociais (como a faixa etária dos falantes).

3. **Indicadores** – São elementos linguísticos sobre os quais há pouca força de avaliação, podendo haver diferenciação social de uso dessas formas correlacionada à idade, à região ou ao grupo social, mas não quanto a motivações estilísticas. Em outras palavras, indicadores são traços não sujeitos à variação estilística, com julgamentos sociais inconscientes. Um exemplo de indicador é a monotongação dos ditongos /ey/ e /ow/ no português falado atual, em palavras como 'peixe'/'pexe', 'feijão'/'fejão', 'couve'/'cove', 'couro'/'coro' – isenta de valor social e estilístico.

Vale salientar que, a depender da região, uma variante pode ser interpretada tanto como marcador quanto como estereótipo. Exemplos disso são (além do uso pronominal já mencionado) as construções 'tu foi' e 'vou ir'. No Rio Grande do Sul, essas formas comportam-se como marcadores e não como estereótipos, pois não são estigmatizadas, constituindo-se em elementos caracterizadores de identidade local. Contudo, essa possivelmente não é a situação em outras localidades, que avaliam essas construções de modo negativo.

A classificação de variáveis em estereótipos, marcadores e indicadores é uma ferramenta relevante para a Sociolinguística, pois nos auxilia a compreender, por exemplo, o processo de mudança linguística e a escorregadia definição de comunidade de fala, como veremos neste capítulo.

2.3 A comunidade como *locus* do estudo da língua

Embora a TVM reconheça a dimensão individual do uso da língua, não é este o seu interesse maior. Para essa teoria, a variação e a mudança só se revelam em sua sistematicidade quando o pesquisador considera o contexto social em que a língua é usada, analisando a estrutura e evolução da língua a partir de sua interação com a sociedade. Na proposta laboviana, portanto,

> O *LOCUS* DO ESTUDO DA LÍNGUA É A COMUNIDADE DE FALA, NÃO O INDIVÍDUO

Em outras palavras, embora seja evidente que o indivíduo opera com regras e categorias gramaticais, a Sociolinguística se preocupa essencialmente com a gramática geral da comunidade de fala, e não com o sistema específico de um ou outro indivíduo. Ora, se a comunidade de fala ocupa um papel tão central na proposta laboviana, cumpre, então, definirmos esse termo. Segundo

Labov, uma comunidade de fala não é apenas um grupo de falantes que usa as mesmas formas da língua, mas um grupo de falantes que, além disso, compartilha as mesmas normas a respeito do uso dessa língua – o que pode ser observado tanto em "comportamentos avaliativos explícitos" como "pela uniformidade de padrões abstratos de variação" (Labov, 2008 [1972]: 150). Nesse caso, é preciso considerar que a uniformidade das normas compartilhadas pelo grupo ocorre quando a variável linguística possui marcas sociais evidentes. Isso significa que muitas vezes os falantes têm consciência desses usos e são capazes de emitir juízos de valor sobre as formas linguísticas variáveis.

A noção de comunidade de fala suscitou alguns questionamentos, relacionados principalmente ao papel da avaliação das formas variantes, que não se dá apenas conscientemente (como nos estereótipos), mas também inconscientemente (no caso dos marcadores e indicadores) e à sua operacionalização (por exemplo, existe um número determinado de formas linguísticas variáveis frente às quais os falantes teriam uma atitude uniforme que permita a identificação de uma comunidade de fala?).

Reelaborando a concepção laboviana de comunidade de fala, Gregory Guy (2001) propõe uma definição a partir de três critérios:

1. Os falantes devem compartilhar traços linguísticos que sejam diferentes de outros grupos;
2. Devem ter uma frequência alta de comunicação entre si;
3. Devem ter as mesmas normas e atitudes em relação ao uso da linguagem.

Além do conceito de comunidade de fala, há pesquisadores que trabalham com outros conceitos relacionados ao *locus* dos fenômenos linguísticos investigados. Um desses pesquisadores é Lesley Milroy, que situa seus falantes em **redes sociais** – redes de relacionamento dos indivíduos estabelecidas na vida cotidiana, que variam de um indivíduo para outro e são constituídas por ligações de diferentes tipos, envolvendo graus de parentesco, amizade, ocupação (ambiente de trabalho) etc. Quanto maior o número de pessoas que se conhecem umas às outras numa certa rede, mais alta será a **densidade** dessa rede.

Uma análise sociolinguística baseada em redes sociais procura captar a dinâmica dos comportamentos interacionais dos falantes e possibilita o estudo de pequenos grupos sociais, como grupos étnicos minoritários, migrantes, populações rurais etc., favorecendo a identificação das dinâmicas sociais que motivam a mudança linguística.

Convém mencionar ainda, brevemente, a noção de **comunidades de prática** como *locus* dos fenômenos linguísticos. Essa noção diz respeito a práticas sociais compartilhadas por indivíduos que se reúnem regularmente em torno de uma meta comum, e envolvem desde crenças e valores até formas de realizar certas atividades e de falar. Podem ser caracterizadas como comunidades de prática reuniões de pais e professores, rotinas familiares e escolares, comunidades de *hackers*, entrevistas médicas, comunidades de pescadores etc.

Penelope Eckert propõe que o estudo da variação seja centrado nas comunidades de prática, pois nelas as variantes linguísticas assumiriam significação social, havendo relação direta entre língua e identidade. Nesse contexto, os estilos individuais, como marcas de identidades sociais, ocupariam um lugar central no estudo da variação linguística. Tal enfoque se aproxima do de redes sociais (ambos de nível "micro" e mais qualitativo) em oposição ao de comunidades de fala (de nível "macro" e predominantemente quantitativo).

As três ondas da Sociolinguística

Uma das contribuições recentes de Eckert à área é a proposta de dividir as práticas dos estudos sociolinguísticos ao longo de sua história em três "ondas".

- A primeira onda trabalha com a variação objetivando estabelecer correlações amplas entre categorias sociais e variáveis linguísticas. Um exemplo seria o estudo de Labov sobre o /r/ pós-vocálico em lojas de departamento de Nova York, discutido no capítulo anterior;
- A segunda onda busca ir mais a fundo nas categorias sociais envolvidas na variação, empregando métodos etnográficos para desvendar quais processos locais constituem essas categorias mais amplas. O estudo de Labov na ilha de Martha's Vineyard é um exemplo de análise nessa perspectiva;
- A terceira onda busca olhar para a variação como um sistema complexo de significados sociais em potencial dentro de uma comunidade, que pode ser manipulado localmente pelos indivíduos na construção de estilos identitários (apresentaremos um exemplo de estudo nessa onda no capítulo a seguir).

Eckert nos alerta para que não vejamos as três ondas como estágios que se sucederam ao longo da história da Sociolinguística. Ela defende que, embora os achados das duas primeiras ondas sejam fundamentais para a área, a manipulação dos significados sociais da variação deve ocupar um lugar de destaque nas pesquisas da Sociolinguística.

Nota-se, portanto, que o sociolinguista pode situar seu estudo em domínios diversos. A depender de seu objeto e de seus interesses de pesquisa, ele pode considerar a atuação da língua em uma comunidade de fala, em redes sociais ou em comunidades de prática. Essas opções não são mutuamente excludentes: um mesmo fenômeno pode ser analisado, num primeiro momento, sob a ótica da comunidade de fala, que permite um olhar mais amplo e panorâmico sobre o objeto, e, num momento posterior, ser analisado em redes sociais e/ou comunidades de prática, permitindo uma visão mais detalhada, mais "micro" do fenômeno. Apesar de terem características diferentes e de configurarem pesquisas com feições específicas, o que une todas essas abordagens é o foco na língua em seu contexto social – e não individual, como faziam as teorias apresentadas no início do capítulo.

2.4 As relações entre variação e mudança

Passamos a outro conjunto de princípios e conceitos básicos da TVM. Se até aqui nos concentramos em princípios mais relacionados à variação linguística, ao caráter heterogêneo do sistema e às relações entre língua e sociedade, vamos nos voltar agora a outro grande interesse da teoria: a mudança linguística.

Como sabemos, cada estado da língua é resultado de um longo e contínuo processo histórico. As mudanças ocorrem a todo momento, ainda que nos sejam imperceptíveis. Como o inglês do século XV é diferente do inglês do século XX, o português do século XV também não é idêntico ao do século XX. Da mesma forma, o inglês e o português do futuro serão diferentes dos atuais. E isso ocorre com todas as línguas humanas.

Poderíamos pensar que durante um processo de mudança a estrutura das línguas fique comprometida, o que leva à seguinte questão: como é que as pessoas conseguem se entender enquanto a língua muda? Essa é uma das grandes questões discutidas por WLH. A resposta dos autores foi que a mudança **não** afeta o caráter sistemático da língua, isto é, ela continua estruturada enquanto as mudanças vão ocorrendo.

Para melhor compreender a proposta de WLH, vamos retomar uma das dicotomias postuladas por Saussure: a separação entre sincronia e diacronia. Para ele, enquanto a Linguística sincrônica se ocupa das relações entre elementos simultâneos que "formam sistema" entre si, a diacrônica estuda as relações entre elementos sucessivos, ou seja, que se substituem uns aos outros de maneira isolada, sem "formar sistema" entre si. Portanto, a perspectiva sincrônica é estática, aplicando-se a apenas um estado de língua, ao passo que a diacrônica é mutável e dinâmica.

A crítica feita por WLH a essa concepção é de que ela impede que se considerem fatores sociais agindo sobre a língua e que se incorpore a mudança ao sistema linguístico – em outras palavras, a abordagem saussureana retira da língua a sua dimensão histórica.

Para construir uma teoria que rompesse com o axioma da homogeneidade e concebesse a língua como um sistema dotado de heterogeneidade ordenada, foi necessário que WLH neutralizassem a separação entre sincronia e diacronia. Os autores precisavam explicar como a língua, que é um sistema estruturado, muda sem que as pessoas tenham problemas de comunicação. Eles apresentam sua hipótese nos seguintes termos (2006 [1968]: 35):

> Nos parece bastante inútil construir uma teoria de mudança que aceite como seu *input* descrições desnecessariamente idealizadas e inautênticas dos estados de língua. Muito antes de se poder esboçar teorias preditivas da mudança linguística, será necessário aprender a ver a língua – seja de um ponto de vista diacrônico ou sincrônico – como um objeto constituído de heterogeneidade ordenada.

Para WLH, a língua é heterogênea, e essa heterogeneidade é observada tanto na sincronia como na diacronia, ou seja, a língua não passa por períodos menos sistemáticos, ainda que esteja em constante mudança. Desse modo, retoma-se o princípio de que a *associação entre estrutura e homogeneidade é uma ilusão*.

Basta pensarmos em como ocorre um processo de mudança. Vimos que é possível que, em seu repertório linguístico, um falante disponha de mais de uma forma para expressar o mesmo significado – temos aí a variação linguística. Ocorre que, dentro do repertório linguístico desse falante, pode acontecer, também, um desfavorecimento gradual da forma original em prol da nova, de modo que a forma antiga assuma o estatuto de arcaica ou obsoleta e, aos poucos, deixe de ser usada. Nesse caso, estamos diante de um processo de *mudança linguística*.

A mudança é, como dissemos, um dos grandes interesses de WLH, e os autores buscaram estabelecer uma série de princípios básicos para a investigação desse processo. Um deles diz respeito ao desenrolar da mudança com o tempo e novamente diverge das abordagens tradicionais da Linguística:

> A GENERALIZAÇÃO DA MUDANÇA ATRAVÉS DA ESTRUTURA LINGUÍSTICA NÃO É UNIFORME NEM INSTANTÂNEA

Para mostrar que as formas convivem num determinado espaço geográfico, num grupo social e até num mesmo indivíduo e que a mudança não é abrupta, imperceptível e assistemática, os autores trazem estudos dialetológicos e sociolinguísticos, que oferecem exemplos da oposição arcaico/inovador, bem como de alternâncias sociais e estilísticas dentro do comportamento linguístico da comunidade de fala. Esses estudos serviram de base para a formulação dos problemas empíricos que serão abordados na seção seguinte.

Também a perspectiva imanentista de Saussure – na qual a língua é um sistema que vale estritamente por suas relações internas, ou seja, os fatos linguísticos somente podem ser explicados por outros fatos linguísticos – é rejeitada pelos autores na forma como entendem a mudança linguística. Nos estudos saussureanos, possivelmente por conta da necessidade de se delimitar cientificamente o objeto de estudo da Linguística, os fatores de natureza extralinguística foram desprezados.

Por sua vez, WLH incorporam no estudo da língua os fatores sociais, apontando uma correlação entre a estrutura linguística e a social, o que coloca o contexto social como palco da mudança linguística. Este é outro dos princípios fundamentais da teoria, e mais um de seus grandes diferenciais em relação às teorias linguísticas dominantes nos séculos XIX e XX:

> FATORES LINGUÍSTICOS E SOCIAIS ENCONTRAM-SE INTIMAMENTE RELACIONADOS NO DESENVOLVIMENTO DA MUDANÇA LINGUÍSTICA. EXPLICAÇÕES APENAS DE UM OU OUTRO ASPECTO FALHARÃO AO DESCREVER AS REGULARIDADES QUE PODEM SER OBSERVADAS NOS ESTUDOS EMPÍRICOS DO COMPORTAMENTO LINGUÍSTICO

A conciliação entre sincronia e diacronia permite observar as mudanças linguísticas no momento em que elas acontecem, ou seja, elas não ficam "escondidas" entre os estados de língua, e são observadas justamente na comunidade de fala, pela análise de padrões de variação e pela dinâmica desses padrões ao longo do tempo.

Retomemos, agora, o pressuposto de que os fenômenos da variação e da mudança estão intimamente relacionados. Para WLH, não é possível conceber a mudança sem que ela reflita um estado de variação, assim como a variação é sempre um gatilho para uma possível mudança. Chegamos, assim, a mais um princípio da TVM:

> NA LÍNGUA, NEM TUDO QUE VARIA SOFRE MUDANÇA, MAS TODA MUDANÇA PRESSUPÕE VARIAÇÃO

Isso significa que o fato de existirem duas variantes competindo pelo mesmo contexto não quer dizer que uma delas vai se tornar obsoleta e que a outra vai se tornar a forma usual. Duas formas podem conviver em variação durante anos sem que haja a substituição de uma pela outra, ou seja, sem que haja mudança completada, numa situação de *variação estável*.

Lembremos, por exemplo, do fenômeno do *rotacismo*: as formas 'pranta' e 'planta' convivem em nossa língua marcando uma diferença entre a fala de um indivíduo possivelmente oriundo de zona rural e/ou pouco escolarizado e a fala de um indivíduo de zona urbana e/ou escolarizado, convencionada como *variedade culta*. O que se nota é que entre as formas concorrentes 'pranta' e 'planta' existe variação, mas não existe indicativo de mudança.

Passemos a outro exemplo. Sabemos que no português do Brasil o pronome 'vós' foi praticamente substituído por 'vocês' para indicar P5; ele pode ser visto, atualmente, apenas em algumas linguagens específicas, como a religiosa ou a jurídica, e não mais na fala comum das pessoas, em que somente 'vocês' é usado. Observamos, portanto, uma mudança linguística basicamente completada na expressão de uma forma pronominal.

É importante ressaltar que um processo de mudança em curso implica necessariamente que há competição entre duas ou mais formas variantes. No início desse processo, a forma inovadora é de uso menos recorrente e aparece em contextos restritos. À medida que os contextos de uso vão se expandindo, a frequência dessa forma vai aumentando, até que ela ultrapasse a da forma antiga. Num gráfico, uma mudança dessa natureza pode ser representada por uma curva em S:

Gráfico 1: Frequência (em %) de próclise ao verbo simples em amostras de peças teatrais catarinenses, por ano de nascimento dos autores (adaptado de Martins, 2009: 187).

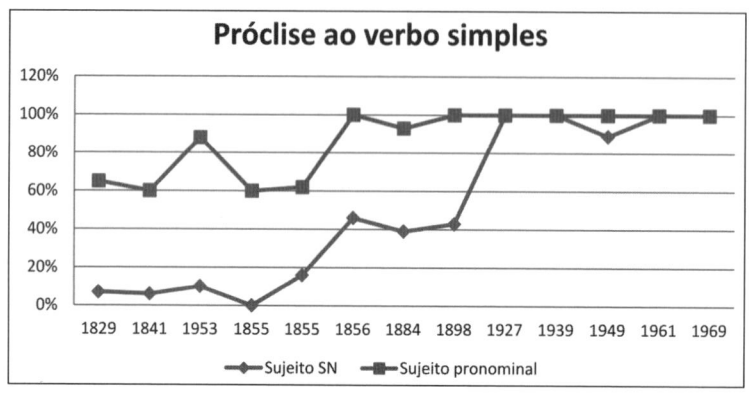

Próclise ao verbo simples

[Gráfico de linhas com eixo y de 0% a 120% e eixo x com anos: 1829, 1841, 1953, 1855, 1855, 1856, 1884, 1898, 1927, 1939, 1949, 1961, 1969. Legenda: Sujeito SN, Sujeito pronominal]

No Gráfico 1, vemos a frequência crescente de próclise ao verbo simples nos dois contextos sintáticos: com sujeito pronominal ('<u>eu</u> **o** vi') e com sujeito nominal ('<u>João</u> **o** viu'). A próclise com sujeito pronominal já era uma estratégia bastante utilizada pelos autores nascidos no século XIX – os percentuais mais baixos estão na casa dos 60%. Com respeito à próclise com sujeito nominal, esta apresenta índices baixíssimos no mesmo período; nesse momento histórico, a taxa de ênclise na amostra analisada é quase categórica. A partir da segunda metade do século XIX, observa-se uma curva ascendente – a ênclise passa a competir mais substancialmente com a variante rival (a próclise). Por fim, percebe-se um uso categórico da próclise, estabilizando-se como a forma majoritária depois do pico de frequência.

No estudo da mudança, frequentemente o pesquisador se depara com a necessidade de acessar e explicar usos linguísticos de épocas passadas e de reconstruir percursos de variação/mudança dos fenômenos investigados. Isso traz uma implicação de ordem metodológica, relacionada à definição da perspectiva assumida para a análise: a reconstrução deve ser feita do passado para o presente ou do presente para o passado? Para dar conta desse questionamento, a TVM toma emprestado da geologia o **princípio do uniformitarismo**:

> OS FATORES QUE PRODUZIRAM MUDANÇA NA FALA ANOS ATRÁS NÃO SÃO ESSENCIALMENTE DIFERENTES DAQUELES QUE ESTÃO OPERANDO HOJE. O ENTENDIMENTO DE PROCESSOS QUE OPERARAM NO PASSADO PODE SER INFERIDO DA OBSERVAÇÃO DE PROCESSOS EM CURSO NO PRESENTE

Considerando esse princípio, as pesquisas sociolinguísticas se orientam do presente para o passado. Assim, parte-se de análises sincrônicas da atualidade empiricamente bem assentadas para, então, buscar gradualmente a reconstituição diacrônica dos fenômenos em estudo. A ressalva que deve ser feita a essa perspectiva é de que há uma limitação em relação aos fatores sociais implicados nas diferentes épocas, uma vez que esses fatores podem variar de acordo com as especificidades de cada cultura e de cada período histórico.

Síntese

Nesta seção, apresentamos e discutimos alguns dos princípios basilares da TVM, que se referem à natureza do sistema linguístico, ao lugar desse sistema no domínio social e às relações entre os fenômenos da variação e da mudança. Juntos, eles nos dão um panorama de qual é a orientação que a Sociolinguística segue em suas análises e nos preparam para as discussões que vêm a seguir.

- A língua é um sistema inerentemente heterogêneo e ordenado;
- A competência linguística do falante comporta a heterogeneidade da língua;
- Não existe falante de estilo único;
- As formas da língua veiculam, além de significados referenciais/representacionais, significados sociais;
- O *locus* do estudo da língua é a comunidade de fala, não o indivíduo;
- A generalização da mudança através da estrutura linguística não é uniforme nem instantânea;
- Fatores linguísticos e sociais encontram-se intimamente relacionados no desenvolvimento da mudança linguística. Explicações apenas de um ou outro aspecto falharão ao descrever as regularidades que podem ser observadas nos estudos empíricos do comportamento linguístico;
- Na língua, nem tudo que varia sofre mudança, mas toda mudança pressupõe variação;

- Fatores que produziram mudança na fala anos atrás não são essencialmente diferentes daqueles que estão operando na língua hoje. O entendimento de processos que operaram no passado pode ser inferido da observação de processos em curso no presente.

---

3. PROBLEMAS EMPÍRICOS PARA UMA TEORIA DA MUDANÇA

Weinreich, Labov e Herzog apresentam uma teoria de mudança que explica como a estrutura linguística de uma comunidade de fala se transforma no curso do tempo de modo que tanto a língua quanto a comunidade permanecem ordenadas, embora a língua mude.

Para encontrar explicações plausíveis sobre a mudança, o pesquisador deverá levar em consideração a descrição de **dados empíricos** variáveis – fontes necessárias para se confirmar que as possibilidades de diferenciação das formas em variação estão dispostas ordenadamente na língua, isto é, que *a heterogeneidade é sistemática e ordenada*. Descrever dados empíricos em variação/mudança não é uma tarefa fácil. Entretanto, a Sociolinguística fornece ferramentas próprias para guiar uma pesquisa dessa natureza, estabelecendo uma ponte entre a teoria e a empiria. Essas ferramentas estão relacionadas a um conjunto de **problemas empíricos** que devem orientar os estudos da área.

Postulados por WLH, os problemas empíricos são questões gerais que o pesquisador deve responder em uma pesquisa sociolinguística. Apresentamos agora os problemas empíricos e, a seguir, tratamos de cada um individualmente.

<u>Problema da restrição</u>: Qual é o conjunto de mudanças possíveis e de **condições** para mudanças que podem ocorrer em uma determinada estrutura?

<u>Problema do encaixamento</u>: Como as mudanças estão **encaixadas** na estrutura linguística e social?

<u>Problema da transição</u>: Como as mudanças passam de um **estágio** a outro?

<u>Problema da avaliação</u>: Como as mudanças podem ser **avaliadas** em termos de seus efeitos sobre a estrutura linguística, sobre a eficiência comunicativa e sobre o amplo espectro de fatores não representacionais envolvidos no falar?

Problema da implementação: A que fatores se pode atribuir a **implementação** das mudanças? Por que uma mudança ocorre em uma língua em uma época e não em outra língua e em outra época?

3.1 O problema da restrição

O objetivo desse problema é investigar o conjunto de mudanças possíveis e de condições para que essas mudanças ocorram numa dada estrutura. Em outras palavras, buscam-se generalizações, e mesmo princípios universais, que governam a estrutura e a mudança linguística e a partir dos quais é possível prever direções de uma mudança. A busca por restrições linguísticas de caráter universal, no entanto, não implica que se considere a faculdade da linguagem como uma propriedade isolada, que independe da estrutura linguística e social. Isso seria conflitante com a abordagem empírica da Sociolinguística, que se ocupa de fenômenos variáveis, inseridos na matriz social e sujeitos à ação de fatores de natureza diversa – que podem, inclusive, ser desfavoráveis a essas generalizações. Nesse sentido, os princípios não são absolutos, aplicados categoricamente, mas apontam para regularidades ou tendências gerais.

A busca por condições possíveis para as mudanças estruturais não se restringe ao estudo de fenômenos isolados numa dada língua. Vários fenômenos em mudança precisam ser analisados e correlacionados, se possível intra e interlinguisticamente, para chegarmos a princípios gerais. O ponto de partida para observar as condições motivadoras de variação/mudança, no entanto, é o exame de fenômenos linguísticos particulares. Vejamos como podemos identificar possíveis condições para uma determinada mudança.

Sabemos que a concordância verbal é um fenômeno variável no português falado no Brasil. Um estudo sobre a variação da concordância verbal de P6 foi realizado por Monguilhott (2009), analisando a fala de moradores de Florianópolis. Estabeleceu-se como variável dependente a "concordância verbal de P6", buscando verificar os contextos favorecedores para cada uma das variantes – *com* marca verbal de concordância e *sem* marca verbal de concordância –, conforme vemos em (8a/9a) e (8b/9b), respectivamente.

(8) a. Todas as minhas amigas **namoravam** e **vinham** às festas aqui.
   b. As pessoas não **sai** do Ribeirão todo dia pra vim no centro.
(9) a. Não **eram** colunas assim como tá hoje.
   b. **Comia** o pai e a mãe na mesa, os filho no chão.

Interessa-nos discutir neste momento uma variável independente que se mostrou significativa na pesquisa: "posição do sujeito em relação ao verbo". Vejamos.

Tabela 2: Frequência de marcação verbal de P6, segundo a variável "posição do sujeito em relação ao verbo" (Monguilhott, 2009: 125).

Posição	Apl./Total	%
Sujeito anteposto	464/546	84%
Sujeito posposto	23/67	34%
Total	487/613	79%

Notamos que, dos 613 dados encontrados na pesquisa, 487 (79%) correspondem ao índice de **aplicação da regra** (Apl.) em estudo – nesse caso, a marcação verbal de concordância. Olhando para os fatores, vê-se o seguinte: há 546 dados com sujeito anteposto (como em (8a) e (8b)), dos quais 464 (84%) apresentam marca verbal de concordância, e há 67 dados com sujeito posposto (como em (9a) e (9b)), dos quais 23 (34%) apresentam marca verbal de concordância entre o sujeito e o verbo.

A Tabela 2 evidencia uma tendência: a marcação verbal de concordância é maior quando o sujeito fica anteposto ao verbo e menor quando o sujeito fica posposto ao verbo. Note-se, porém, que somente resultados relativos a certos condicionadores de um fenômeno particular de uma língua não autorizam a formulação de generalizações e predições acerca do funcionamento daquele fenômeno. No caso da concordância verbal, é preciso levar em conta, por exemplo, resultados de outras análises voltadas às demais pessoas do discurso, que têm apontado tendências na mesma direção para a variável "posição do sujeito em relação ao verbo". A convergência de resultados quanto ao papel dos mesmos condicionadores é um indicativo de generalização.

Podemos dizer que a marcação verbal da concordância de P6 não é produto de aleatoriedade, mas é motivada pela posição posposta do sujeito em relação ao verbo, entre outros possíveis fatores condicionadores. O que ilustramos com esse exemplo se aplica a qualquer fenômeno em variação/mudança. É o controle de grupos de fatores linguísticos e extralinguísticos aplicado a inúmeros fenômenos variáveis que vai nos permitir responder à pergunta central deste problema empírico: *Qual é o conjunto de mudanças possíveis e de condições para mudanças que podem ocorrer em uma determinada estrutura?* No caso em questão, a concordância verbal, é possível prever que no português do Brasil sujeitos pospostos ao verbo tendem a restringir a marcação verbal de concordância; e prever ainda que uma possível mudança seguirá na direção de não marcação verbal de concordância quando o sujeito estiver posposto ao verbo, sendo o sujeito, nesse caso, reinterpretado como objeto.

Convém salientar que as condições para variação/mudança de determinado fenômeno não são apenas de natureza linguística. Elas são atravessadas por fatores sociais, já que a língua se manifesta no contexto social. Isso nos leva novamente à definição do problema da restrição apresentada anteriormente, segundo a qual os princípios linguísticos não devem ser tomados de forma isolada. A concepção de "princípios gerais" que considera a estrutura da língua no contexto social levou Labov (1982) a rever a formulação inicial do problema da restrição e a propor que ele poderia ser fundido ao problema do encaixamento linguístico e social, a ser visto a seguir.

3.2 O problema do encaixamento

O problema do encaixamento diz respeito a como um fenômeno linguístico em variação/mudança é encaixado na estrutura linguística e na social. A ideia de "estar encaixado" está ligada a como um fenômeno linguístico variável se relaciona com outro(s) fenômeno(s), que fatores linguísticos, estilísticos e sociais condicionam (favorecendo ou inibindo) determinadas variantes, quais são as causas e os efeitos de uma mudança, quais as possíveis direções de mudanças linguísticas, entre outros aspectos. Apesar de ser considerado um problema de amplas frentes de investigação, de acordo com Labov (1982), o estudo do encaixamento é a área que mais avança na compreensão das causas e dos efeitos da variação/mudança linguística.

As primeiras palavras de WLH sobre o encaixamento na estrutura linguística, em 1968, traziam dois enfoques gerais: i) o de que a noção de *variável* como um elemento do sistema, pertencente à competência linguística de uma comunidade de fala, eliminava a existência de "flutuações" fora do sistema – vemos aí a implicação do princípio de que a língua é um objeto dotado de heterogeneidade ordenada, o que faz cair por terra a visão da fala como caótica e impossível de ser sistematizada; ii) o de que a mudança linguística raramente é um movimento de um sistema inteiro para outro, mas de um conjunto de fenômenos variáveis dentro de um mesmo sistema.

Com relação ao segundo enfoque, pensemos que, se a mudança ocorresse em bloco, teríamos uma transformação abrupta de uma língua em outra através de uma única mudança. No entanto, o que se observa é que os fenômenos em mudança *se encaixam* no sistema sem que ele precise mudar por completo, ou seja, o sistema continua estruturado enquanto muda, de forma que os falantes continuam se comunicando sem prejuízo. O foco principal da TVM são as variações/mudanças dentro de uma língua, mas, mesmo quando observamos a passagem de uma língua a outra, o que temos é um conjunto de mudanças (e não uma única mudança, em bloco) que nos permitem, inclusive, identificar estágios entre as duas línguas. É o caso, por exemplo, do latim dando origem ao português: entre estágios mais próximos (entre o latim clássico e o latim vulgar e entre o português arcaico e o português clássico, por exemplo), temos diferenças mais sutis; entre estágios extremos (entre o latim clássico e o português atual, por exemplo), temos línguas completamente diferentes.

Para ilustrar essa discussão, vejamos o Gráfico 2, adaptado de um estudo de Tarallo (1993), em que o autor faz um apanhado de resultados referentes a três fenômenos em mudança no português do Brasil. Vemos a frequência de uso de sujeito posposto a verbo transitivo direto ('Amas tu Maria'), de sujeito posposto a verbo bitransitivo ('Pus eu o livro na estante') e de preenchimento do objeto direto pronominal ('Maria ama-o'). Os três fenômenos são representados pelas linhas contendo losangos, quadrados e triângulos, respectivamente, e são retratados em seu percurso de mudança ao longo de cinco momentos históricos, começando no século XVIII e chegando ao ano de 1981.

Gráfico 2: Frequência de preenchimento do objeto direto pronominal comparada à frequência de sujeito posposto a verbo transitivo e de sujeito posposto a verbo bitransitivo ao longo de cinco momentos históricos (adaptado de Tarallo, 1993: 93).

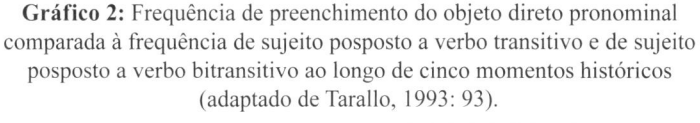

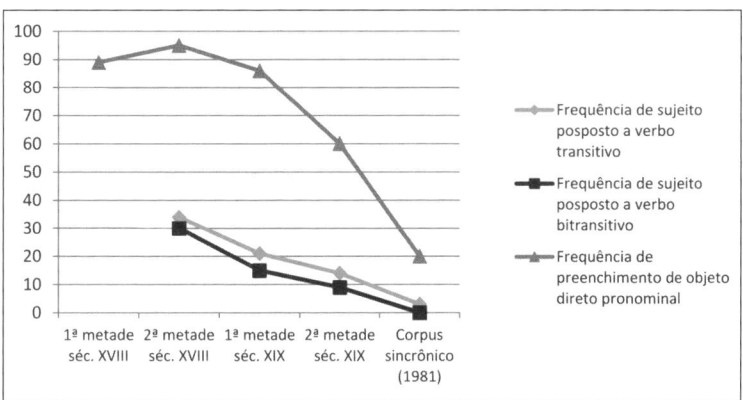

No Gráfico 2, notamos que os três fenômenos variáveis, embora distintos, fazem curvas semelhantes, apresentando um número considerável de ocorrências na segunda metade do século XVIII (com frequência de uso maior de preenchimento do objeto direto pronominal em detrimento das frequências de uso dos demais fenômenos) e tendo uma queda significativa de uso nos últimos momentos históricos (com a frequência de posposição de sujeito para ambos os tipos de verbo praticamente nula). Da mesma forma, poderíamos encontrar outros fenômenos desenhando uma curva semelhante – por exemplo, com relação à variável "preenchimento do sujeito pronominal", veríamos a frequência de sujeitos nulos caindo ao longo dos séculos, tal qual as variantes aqui apresentadas. Dessa maneira temos, conforme postulado por WLH, uma mudança que afeta não o sistema em bloco, mas um conjunto de variáveis, sem comprometer a estruturalidade do sistema, garantindo condições de comunicação entre os falantes.

Outra questão importante dentro do problema de encaixamento é a noção de que mudanças podem ser explicadas pela **covariação**, isto é, pela relação entre o fenômeno variável e os condicionadores linguísticos e extralinguísticos que atuam como contextos de restrição, favorecendo ou desfavorecendo a aplicação de determinada regra.

As restrições relacionadas aos condicionadores linguísticos podem ser de diferentes níveis (fonológico, morfológico, sintático, semântico ou discursivo – de natureza mecânica/estrutural ou funcional) e operam simultaneamente. O aumento ou decréscimo da atuação de restrições sobre o fenômeno variável é um indicativo de possível mudança em progresso. Em geral, uma mudança começa nos contextos linguísticos que mais favorecem a aplicação da regra e se difunde progressivamente aos demais contextos.

O fenômeno variável da expressão pronominal de P4, em que se alternam as formas 'nós' e 'a gente', ilustra bem as restrições anteriormente descritas. Como pronome, 'a gente' é usado primeiramente com referência indeterminada (indicando qualquer um) e lentamente se expande para referência determinada (indicando 'eu + alguém'), alternando-se com o pronome 'nós'. Hoje, é comum encontrarmos o emprego de 'a gente' como genérico (*'a gente* colhe o que planta'), com referência a: 'eu + grupo de pessoas' ('porque *a gente* ia jogá com alguma outra turma'), 'eu + ele(a)' ('eu e minha mãe, *a gente* tava em casa'), 'eu + você(s)' ('aí eu perguntei pro João: *a gente* vai jogá futebol amanhã?') e até mesmo com referência a 'eu' ('neste trabalho, *a gente* vai fazer uma discussão sobre os pronomes de tratamento'). Essa expansão de contexto de uso pode ser observada na alternância entre os dois pronomes – observe-se que em todos os exemplos podemos substituir o pronome 'a gente' por 'nós'.

Considerando os condicionadores da alternância entre esses pronomes, estudos sincrônicos apontam os grupos de fatores linguísticos "paralelismo formal" e "saliência fônica", entre outros, como estatisticamente significativos para a expressão pronominal de P4. Em relação ao primeiro grupo, o 'a gente' na função de sujeito é favorecido em contextos com paralelismo, em que essa forma leva ao uso de outra forma igual, seja ela explícita ou nula ('*a gente* estuda, Ø trabalha, e no final de semana *a gente* descansa'). Por outro lado, 'a gente' é desfavorecido em contexto sem paralelismo ('*nós* estudamos, Ø trabalhamos, e no final de semana *a gente* descansa'). Quanto ao segundo grupo, a menor saliência fônica do verbo (fala/falamos) se correlaciona ao uso de 'a gente' como sujeito, ao passo que a maior saliência (é/somos), ao uso de 'nós'.

Uma leitura dessa análise sob a ótica do problema do encaixamento permitiria a conclusão de que a variação na expressão pronominal de P4 está assim encaixada no sistema linguístico: o pronome 'a gente' é encontrado com maior frequência em construções paralelas e quando estiver associado a formas verbais cuja saliência fônica é menor.

Vale lembrar que, sem encaixar a variação/mudança no quadro das relações sociais, vamos ter uma visão parcial do seu condicionamento, uma vez que só os fatores linguísticos estariam sendo considerados. Por esse motivo, dentro do problema do encaixamento tratamos, além do encaixamento linguístico, também do social, que pode ser observado quando estudos atestam o grau de correlação entre o fenômeno em variação/mudança e a estrutura social (grupo socioeconômico, faixa etária, sexo/gênero, escolaridade, etnia etc.). Um bom exemplo dessa correlação é o trabalho de Labov realizado na ilha de Martha's Vineyard a respeito da centralização da primeira vogal dos ditongos /ay/ e /aw/, já discutido no capítulo precedente. Em termos de encaixamento social, pode-se dizer que a centralização dos ditongos se apresenta naquela comunidade como uma "marca local", exagerada pelos seus membros de etnia inglesa cuja ocupação é a pesca e que residem na região alta da ilha, para que estes demarquem seu espaço e sua identidade cultural.

À medida que a TVM foi explorada e revista, expectativas que WLH não tinham em 1968 apareceram na obra de Labov em 1982, *Building on Empirical Foundations*, em que o autor revisita os problemas empíricos apresentados em 1968. Ele afirma que, através de estudos sociolinguísticos realizados ao longo dos anos, foram identificadas cinco dimensões da estrutura social que se mostraram relevantes para os processos de mudança linguística: classe ou *status* social, cor ou etnia, idade, sexo/gênero e localidade. Sobre esse conjunto de dimensões, Labov atesta, por exemplo, que mudanças linguísticas são, em geral, originadas em camadas sociais intermediárias, ou seja, raramente se originam na classe mais alta ou na classe mais baixa. Aponta-se, sobretudo, para a classe média baixa e os estratos mais altos da classe trabalhadora como *locus* de origem da mudança. Além disso, dentre esses grupos, os inovadores são pessoas com alto *status* local e papel central nas relações da comunidade, com alta densidade de interação social e maior número de contatos fora da vizinhança local.

Dos exemplos que viemos apresentando, depreende-se que, para responder à pergunta relacionada ao problema do encaixamento (*como as mudanças estão encaixadas na estrutura linguística e social?*), é necessário perceber a relação entre os diferentes fenômenos em variação/mudança e a relação entre os fenômenos e seus fatores condicionadores internos e externos. Somente a partir da observação sistemática de diferentes fenômenos variáveis e de diferentes condicionadores atuando sobre um mesmo fenômeno é que poderemos avaliar como uma mudança se encaixa na estrutura linguística e na social.

3.3 O problema da transição

Este problema envolve a **transmissão** e a **incrementação** de uma forma nova. A transição diz respeito à maneira como uma mudança progride ao longo de sucessivas gerações, e a incrementação é o mecanismo pelo qual a mudança avança. Com este problema procura-se compreender como as formas em variação/mudança se propagam, passando de um **estágio** a outro, pela expansão dos contextos linguísticos de uso das formas, pela sua transmissão entre gerações, pela sua difusão ao longo do tempo e entre grupos sociais.

A troca de uma forma linguística por outra pode ocorrer entre grupos de faixas etárias diferentes e entre comunidades diferentes, e o caminho através do qual uma forma é substituída por outra depende de prestígio, pressão estrutural e/ou utilidade funcional. É importante ressaltar, ainda, que a característica mais evidente da transição é o fato de a mudança não ser discreta, isto é, ela se dá de forma contínua: as formas antigas não são abruptamente substituídas pelas novas, mas há fases intermediárias em que as variantes de um fenômeno variável coexistem e concorrem, diminuindo aos poucos o uso de uma variante em relação a outra, até que a mudança se complete.

Vejamos algumas situações que ilustram estágios do processo de mudança de diferentes naturezas envolvidos no problema da transição.

> EXPANSÃO DOS CONTEXTOS LINGUÍSTICOS DE USO DA VARIAÇÃO/MUDANÇA

Durante o período em que as formas variantes se alternam, em geral, os contextos linguísticos de uso de uma das formas em relação a outra vão se expandindo gradativamente, rompendo barreiras ou restrições linguísticas, espalhando-se de um contexto a outro como uma onda.

Esse tipo de expansão remonta a dois princípios opostos de mudança linguística: o de regularidade mecânica (hipótese dos neogramáticos) e o de difusão lexical (hipótese de Wang e Cheng):

- O princípio da **regularidade mecânica** prevê que a unidade da mudança é o **som**, condicionado por fatores fonéticos. Todas as palavras que contenham determinado som são atingidas do mesmo modo e ao mesmo tempo. Nesse sentido, as mudanças seriam foneticamente graduais e lexicalmente repentinas;
- O princípio da **difusão lexical** pressupõe que a unidade da mudança é a **palavra** e não o som. Nesse caso, o modelo prevê que as mudanças sonoras sejam foneticamente abruptas, mas o léxico vai ser atingido gradualmente: primeiro um item (ou classe de palavras), depois outro e assim sucessivamente.

Quanto ao princípio da regularidade mecânica, um bom exemplo é a monotongação do ditongo decrescente [ow], como nas palavras *roupa > ropa, pouco > poco, trouxe > troxe, vou > vô* etc., pois não há restrições lexicais que impeçam essa mudança. Já o princípio da difusão lexical pode ser ilustrado pela queda do [r]. Pela frequência de uso, pode-se imaginar que, com relação à queda do [r], os infinitivos (andar > andá, comer > comê, partir > parti) foram as formas atingidas primeiramente na língua, seguidos de nomes derivados (namorador > namorado) e nomes simples (doutor > douto, mar > má). Nesse caso, a mudança atinge gradualmente categorias gramaticais.

➢ TRANSMISSÃO DA VARIAÇÃO/MUDANÇA DE UMA GERAÇÃO A OUTRA

A transmissão está diretamente implicada na aquisição da linguagem. Nesse sentido, estudos apontam para a seguinte condição geral: as crianças adquirem o *vernáculo* (isto é, a fala espontânea) diferentemente de seus pais e sofrem influência direta dos pares pré-adolescentes, provocando uma **reorganização vernacular** que dura até que se dê a estabilidade do sistema linguístico do indivíduo (mais ou menos na adolescência). Esse processo segue a mesma direção a cada geração. Nesse caso, é natural e esperado que os vernáculos de pais e filhos apresentem diferenças.

Segundo a hipótese "clássica" sobre a mudança linguística na sincronia, conhecida como **mudança em tempo aparente**, cada pessoa preserva durante a vida o sistema vernacular que foi adquirido durante seus primeiros anos de formação até a puberdade (de 5 a 15 anos, aproximadamente). Assim, na maturidade e mesmo quando envelhecemos, em geral nossa fala reflete o vernáculo desses anos iniciais. Dessa forma, podemos perceber indícios de mudança linguística ao comparar uma geração a outra. Da observação sincrônica de faixas etárias diferentes, pode-se ver, por exemplo, quais as mudanças linguísticas que estão em curso (ou em progresso).

A mudança em tempo aparente pode ser identificada em trabalhos empíricos pelo controle da variável "faixa etária", num recorte transversal de uma amostra sincrônica, quando se observa uma distribuição gradativa das diferentes formas linguísticas em variação correlacionadas com as sucessivas faixas etárias da população. Esse tipo de mudança pode ser mais bem visualizado na Tabela 3, que representa a variação na realização do fonema /t/ seguido de /i/ – contexto sujeito à palatalização – em amostra de fala de informantes de Florianópolis de etnia açoriana.

Tabela 3: Percentual de palatalização do /t/, em Florianópolis, segundo a faixa etária (Pagotto, 2001: 317).

	Palatalização do /t/		
Faixa etária dos falantes	[t]	[ts]	[tʃ]
13 a 23 anos	42%	29%	30%
25 a 50 anos	66%	18%	17%
Acima de 50 anos	69%	19%	12%

Nota-se que cada uma das três variantes apresenta uma distribuição percentual gradativa no que se refere à faixa etária dos falantes. Enquanto a variante conservadora [t] é mais frequente na fala dos informantes mais velhos, caindo gradualmente pela faixa intermediária até a mais jovem, as variantes inovadoras [ts] e [tʃ] apresentam um comportamento contrário: são mais frequentes na fala dos mais jovens, decrescendo na dos mais velhos. Observa-se, pois, um aumento regular e progressivo no uso das variantes inovadoras [ts] e [tʃ] diretamente correlacionado ao decréscimo da faixa etária, o que caracteriza um indício de mudança em curso na sincronia, ou seja, de mudança em tempo aparente.

A possibilidade de captar empiricamente uma mudança em curso é um importante pressuposto teórico de WLH, pois se opõe ao postulado saussureano de que a mudança só poderia ser verificada diacronicamente. Além disso, reafirma o caráter heterogêneo e ordenado do sistema linguístico visto sincronicamente em evolução.

É importante ressaltar, entretanto, que um resultado como esse, que leva em consideração a faixa etária, é normalmente interpretado como um *indicativo* de mudança. Para que uma mudança seja efetivamente atestada, estudos em tempo aparente são em geral complementados com estudos de mudança em tempo real, que ainda veremos neste capítulo.

Mudança no indivíduo e mudança na comunidade

Em pesquisas que levam em consideração o condicionador "faixa etária", duas dimensões da mudança devem ser consideradas: a mudança no indivíduo e a mudança na comunidade. É desejável que um estudo possa responder se está havendo mudança nessas duas dimensões, em apenas uma delas, ou mesmo em nenhuma. A relação entre mudança no indivíduo e mudança na comunidade ainda não está plenamente explicada. Atualmente, segundo Anthony Naro (2008), há duas posições teóricas que se propõem a dar conta dessa relação.

A primeira delas é a que vimos há pouco: a hipótese "clássica", que é assumida pelos que acreditam que o processo de aquisição da linguagem se encerra mais ou menos na puberdade, e que a partir desse momento o vernáculo do indivíduo fica basicamente estável – ou seja, o indivíduo não muda sua língua espontânea no decorrer dos anos. Nesse caso, indivíduos adultos estariam refletindo o estado da língua adquirida quando tinham cerca de 15 anos de idade. Assim sendo, a fala de uma pessoa de 70 anos estaria refletindo a fala usada 55 anos atrás. Ao comparar a fala desse adulto de 70 anos e a fala de um jovem que nos dias atuais tem 15 anos de idade, podemos dizer que estamos enxergando uma mudança em tempo aparente. A mudança pode ser atestada, nesse caso, na comparação entre as diferentes faixas etárias e não na fala de um mesmo indivíduo. Temos, então, variação na comunidade e estabilidade no indivíduo. As gírias (antigas e novas) são exemplos de mudança em tempo aparente. Por outro lado, além de a fala do indivíduo permanecer estável, a comunidade também pode refletir essa estabilidade.

A segunda resposta é que a língua falada pelo indivíduo pode mudar no decorrer dos anos. Naro mostra que nem toda variação na fala representa mudança linguística em progresso. Existem casos em que o uso linguístico diferenciado pelas faixas etárias não revela mudança, mas variação estável. Essa variação pode ser observada, em geral, quando jovens e velhos apresentam o mesmo comportamento linguístico, e esse comportamento se contrasta com o exibido pela população de meia idade, principalmente pela população que estiver no mercado de trabalho. Esta costuma usar uma linguagem mais monitorada, mais condizente com as variedades cultas. Isso significa dizer que os indivíduos podem mudar sua língua no decorrer dos anos, e esse comportamento pode se mostrar estável na comunidade. Nesse caso, o indivíduo muda seu comportamento linguístico durante a sua vida, mas a comunidade à qual pertence permanece estável. Alguns estudos sobre a concordância verbal e nominal têm atestado esse processo. Por outro lado, além de a fala do indivíduo mudar, a comunidade também pode refletir essa mudança.

Em síntese

A correlação entre faixa etária e variação/mudança linguística no indivíduo e na comunidade pode revelar os seguintes processos:
a. A fala do indivíduo permanece estável e a comunidade muda;
b. A fala do indivíduo permanece estável e a comunidade também permanece estável;
c. A fala do indivíduo muda e a comunidade permanece estável;
d. A fala do indivíduo muda e a comunidade também muda.

➢ DIFUSÃO DA VARIAÇÃO/MUDANÇA EM TEMPO REAL

Diferentemente da mudança em tempo aparente, que é observada pelo comportamento linguístico de gerações distintas num mesmo intervalo de tempo (abordagem sincrônica), a *mudança em tempo real* é captada pelo comportamento linguístico retratado ao longo de diferentes períodos (abordagem diacrônica).

Vejamos um caso concreto de mudança que se verifica na passagem de um período a outro. O Gráfico 3 mostra resultados do comportamento de dois fenômenos variáveis, "realização do sujeito pronominal" e "realização do objeto direto pronominal (ou clítico)", ao longo dos séculos XVIII, XIX e XX no português do Brasil.

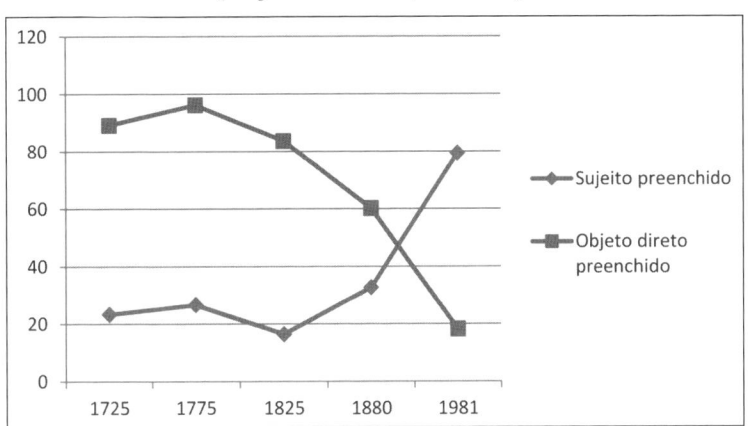

Gráfico 3: Frequência de preenchimento pronominal
(adaptado de Tarallo, 1985: 140).

O Gráfico 3 mostra que o percentual de sujeito preenchido, que ficava na faixa aproximada de 20% no século XVIII (1725 e 1775) e no início do século XIX (1825), sobe para 32,7% no final do século XIX (1880) e, no final do século XX (1981), chega a 79,4%. Quanto ao preenchimento do objeto direto, o gráfico mostra justamente o contrário: de 1725 a 1825, o objeto é preferencialmente preenchido (acima de 80%); em 1880, o preenchimento cai para 60,2% e, em 1981, cai ainda mais, chegando a uma faixa inferior a 20%. Ambos os fenômenos evidenciam, portanto, uma mudança em progresso ao longo do tempo, mas em direções opostas: enquanto a posição do sujeito vai ficando cada vez mais preenchida, a posição do objeto vai ficando cada vez mais esvaziada.

Um estudo em tempo real fornece evidências mais robustas de um processo de mudança do que um estudo em tempo aparente. Enquanto o último oferece indícios de mudança, o primeiro permite que se verifiquem estágios mais ou menos avançados desse processo. Entretanto, estudos em tempo real requerem a análise de dados diacrônicos, normalmente de textos escritos, que nem sempre são encontrados facilmente, ao passo que estudos em tempo aparente se beneficiam de dados sincrônicos vernaculares mais prontamente disponíveis, sobretudo aqueles provenientes de bancos de dados organizados para esse fim.

> DIFUSÃO DA VARIAÇÃO/MUDANÇA DE UM GRUPO SOCIAL A OUTRO

Por **grupo social** entendemos aqui tanto aqueles que constituem uma dada comunidade de fala como os que se distribuem geograficamente em localidades distintas.

Para explicar a transição na estrutura social, é necessário considerar as direções das mudanças no que concerne às características sociais dos falantes e ao valor atrelado às formas linguísticas em variação. Formas de maior prestígio na sociedade costumam agir como uma espécie de "gatilho", acelerando a difusão da mudança. Como elas geralmente fazem parte do repertório linguístico de indivíduos pertencentes a classes dominantes, as mudanças nesse caso se dão *de cima para baixo*. Um exemplo de mudança desse tipo é a difusão da palatalização do /s/ na fala carioca, que alguns estudiosos atribuem à influência da fala trazida de Portugal pela família real no século XIX.

Quando a nova forma se expande na língua a partir da fala vernacular, temos o tipo de mudança identificado como *de baixo para cima*. Nesse caso, a forma não carrega estigma na sociedade e por vezes vem associada a traços identitários do grupo. O pronome 'a gente' ilustra esse tipo de mudança. De uso inicialmente predominante na fala casual, esse pronome tem se difundido para contextos de maior formalidade, aparecendo inclusive já em certos gêneros de escrita.

Algumas características da mudança de cima para baixo:

a. Apresenta um nível relativamente alto de consciência social;
b. É introduzida pela classe dominante;
c. É emprestada de comunidades de fala de maior prestígio;
d. Aparece primeiro em estilo de fala mais cuidada, não vernacular.

Algumas características da mudança de baixo para cima:

a. Tem início abaixo do nível de consciência;
b. Pode ser introduzida por qualquer classe social;
c. É motivada por fatores internos e/ou por traços identitários do grupo social;
d. Inicia no vernáculo.

Com relação à difusão da mudança de uma localidade a outra, há mais chances de propagação de formas novas quando o número populacional das localidades é expressivo, quando são geograficamente próximas e quando há densidade de interações verbais mediante contato. Vale lembrar, porém, que as localidades em contato não mantêm uma uniformidade de comportamento. Na região Sul, por exemplo, os três estados apresentam um comportamento linguístico diferenciado em relação ao uso dos pronomes de P2 ('tu' e 'você'): enquanto no Rio Grande do Sul e em Santa Catarina predomina o uso de 'tu', no Paraná o uso de 'você' é praticamente categórico. Observa-se que o pronome 'você' atinge a fala catarinense e gaúcha com mais e menos intensidade, respectivamente. Como nos lembra Faraco (2005: 196), "[...] a difusão da mudança, tanto no interior da língua, quanto no espectro social e no espaço geográfico, não se dá uniformemente, mas em ritmos e direções diferenciados".

Para responder à principal questão do problema da transição (*como as mudanças passam de um estágio a outro?*), o pesquisador precisa estar atento aos estágios de natureza linguística e extralinguística envolvidos no processo de variação/mudança. Com relação aos estágios de natureza linguística, vimos o caso da queda do /r/ final, que se difunde de um contexto a outro, afetando primeiro palavras da classe dos verbos e passando sucessivamente a afetar palavras de outras classes. No que se refere aos estágios de natureza extralinguística, observamos que a mudança se propaga paulatinamente entre um grupo social e outro (como no caso da variação entre 'tu' e 'você' na região Sul), entre pessoas de uma faixa etária e outra (como no caso da palatalização do [t] em Florianópolis) e entre um período de tempo e outro (como nos casos do preenchimento do sujeito e do objeto pronominal no português do Brasil).

3.4 O problema da avaliação

Este problema diz respeito à atitude subjetiva e consciente do falante em relação às formas linguísticas em variação/mudança. A atitude do falante se manifesta em dois níveis: um relacionado à avaliação linguística e outro à avaliação social. A **avaliação linguística** das formas variantes está associada à eficiência comunicativa na interação social, isto é, à utilidade funcional das formas. Os sistemas linguísticos em variação/mudança disponibilizam aos falantes um leque de possibilidades para expressar uma dada informação referencial/representacional, e os falantes têm competência para compreender e usar as diferentes variantes de acordo com sua significação social, com o contexto e com as características do interlocutor.

Pensemos, como exemplo, na construção 'vou ir', disponível no sistema linguístico do português do Brasil. Supondo-se que a construção faça parte da gramática de uma comunidade de fala como expressão de futuridade (assim como 'vou sair' e 'vou vender'), ela será interpretada como uma forma perifrástica composta por um verbo auxiliar (vou) mais um verbo pleno (ir). Já se a construção não for entendida como perífrase que expressa futuridade na gramática de outra comunidade, e sim como resultante do uso redundante do verbo pleno 'ir' de movimento ('ir' mais 'ir'), ela poderá ser rejeitada. A aceitação ou a rejeição dessa construção depende, entre outros fatores, de uma avaliação linguística a respeito de seu significado referencial/representacional, o que se reflete diretamente no nível de eficiência comunicativa da interlocução. A avaliação linguística é, geralmente, permeada por uma avaliação social.

A **avaliação social** das formas variantes é observada no comportamento do grupo: os membros de uma comunidade de fala atribuem significado social às formas linguísticas. Conforme vimos na seção sobre comunidade de fala, os indivíduos partilham atitudes em relação à língua, tendendo a convergir em sua avaliação. É no âmbito da avaliação social que se inserem as noções de indicador, marcador e estereótipo, que podem ser correlacionadas a diferentes estágios de uma mudança linguística. O início de uma mudança se situa, muitas vezes, abaixo do nível de consciência social, portanto não sofre avaliação do grupo. Num estágio posterior de mudança, as formas linguísticas começam a ser motivadas por fatores sociais e/ou estilísticos. Por fim, as formas podem vir a receber um reconhecimento social consciente e explícito – é nesse nível que aparecem os estereótipos, normalmente associados a reações negativas (tanto em relação à forma como em relação ao indivíduo que a usa) e a correções na direção da forma mais conservadora. Em geral, a mudança linguística se inicia em um determinado grupo – associada a certo valor social – e, gradativamente, se expande para outros grupos até se completar.

É importante ressaltar que o surgimento e a intensificação de reações negativas podem retardar ou até mesmo impedir a mudança linguística. Isso significa que os falantes podem acelerar ou reter processos de mudança numa comunidade, à medida que se *identificam* com eles ou os *rejeitam*. O nível de *consciência social* é um fator determinante na mudança linguística: a atitude social positiva ou negativa em relação às formas que estão em variação/mudança pode ser medida a partir de respostas fornecidas por indivíduos em testes de atitude/avaliação acerca de diferentes usos linguísticos na comunidade.

É comum observarmos uma correlação entre uso linguístico e valor social nos seguintes termos:

1. Variantes de maior prestígio estão associadas, quase sempre, a estilos de fala mais formais, ao passo que variantes de menor prestígio se associam a estilos de fala mais informais (ao vernáculo);
2. Variantes mais conservadoras (e, em geral, mais prestigiadas) são usadas majoritariamente no trabalho, enquanto as mais inovadoras são preferidas na interação com os amigos (e familiares) e nas brincadeiras.

A partir dessa correlação, é possível apontar condições favoráveis e desfavoráveis à mudança linguística: são favoráveis quando a forma inovadora é prestigiada na sociedade e desfavoráveis quando a forma inovadora é estigmatizada, por exemplo.

Para responder à principal questão do problema da avaliação (*como as mudanças podem ser avaliadas em termos de seus efeitos sobre a estrutura linguística, sobre a eficiência comunicativa e sobre o amplo espectro de fatores não representacionais envolvidos no falar?*), o pesquisador deve ter em mente que a atitude do falante tem um caráter individual – relacionado a suas escolhas nas situações de comunicação – e também social – relacionado às reações do grupo frente aos fenômenos variáveis. À medida que dada forma linguística passa a ser considerada pouco eficaz do ponto de vista comunicativo e/ou desprestigiada no grupo, pode cair em desuso; em contrapartida, se dada forma vai ganhando carga funcional e/ou prestígio, sua ocorrência pode ser intensificada e seu uso tornar-se generalizado. Tanto em um caso como no outro há reflexos na estrutura linguística e social bem como na função representacional, responsável pela eficiência comunicativa.

3.5 O problema da implementação

Sabe-se que o processo global de mudança linguística pode envolver motivações e restrições tanto da sociedade quanto da estrutura da língua. Com relação a esse problema, é interessante investigar a que fatores se pode atribuir a implementação (ou atuação) da mudança e por que ela ocorre em determinados contextos linguísticos ou em determinados lugares. Em suma, procura-se entender como a estrutura linguística de uma comunidade se transforma no curso do tempo.

Estudos mostram que podemos explicar a implementação a partir de resultados referentes a condicionadores linguísticos e sociais, relacionando-a ao encaixamento linguístico e social. À medida que identificamos os fatores que agem sobre a mudança, podemos dar uma explicação sobre as possíveis causas que a desencadeiam e sobre a forma como ela vai se implementando nos diferentes contextos estruturais e nos diferentes estratos sociais. É provável, contudo, que explicações mais consistentes a respeito da implementação só possam ser fornecidas depois do fato ocorrido, *a posteriori* – quando a mudança for completada. Nesse caso, há em geral a perda da significação social que a forma possuía.

Quanto à estrutura linguística, tomemos novamente o exemplo da realização do sujeito pronominal, um fenômeno de mudança em curso no português do Brasil rumo ao preenchimento gradativo do sujeito. Análises variacionistas têm evidenciado que a implementação da variante inovadora, ou seja, do sujeito expresso, é dependente de grupos de fatores como traço [+/- humano] e acessibilidade do referente.

O traço [+humano] condiciona fortemente o preenchimento do sujeito, enquanto o traço [-humano] mantém-se ainda como contexto de resistência à inovação, ou seja, é o espaço preferencial do sujeito nulo. Com relação à acessibilidade, quando o antecedente correferencial (isto é, o elemento anterior cujo referente é o mesmo do sujeito) estiver em posição sintática diferente da de sujeito ou quando houver material interveniente entre um referente e outro que possa provocar ambiguidade na interpretação referencial, a tendência é de preenchimento do sujeito pronominal. Desse modo, do ponto de vista linguístico, pode-se considerar que o ponto de partida da implementação do preenchimento do sujeito no português do Brasil são os contextos de traço [+humano] do referente e de menor acessibilidade ao antecedente.

No que diz respeito à estrutura social, como já vimos, numa comunidade de fala grupos de prestígio podem exercer papel na emergência e aceleração de uma mudança, ao passo que novos grupos que se integram à comunidade (em casos de migração, por exemplo) não interferem em mudanças linguísticas do vernáculo local até que assumam algum papel importante na rede socioeconômica daquela comunidade. O que os estudos apontam é que, para um melhor entendimento das razões pelas quais uma mudança ocorre num dado tempo e lugar e não em outros, não basta observar apenas a dinâmica social de grupos locais; explicações de ordem extralinguística devem ser buscadas no estudo da estrutura social mais ampla, considerando fatores como identidade, configuração da hierarquia social, entre outros.

Para responder as questões norteadoras desse problema (a *que fatores se pode atribuir a implementação das mudanças?; por que uma mudança ocorre em uma língua em uma época e não em outras?*), o pesquisador deve estar atento à necessidade de identificar condições possíveis para a mudança (problema da restrição), os fatores condicionadores e o encaixamento estrutural e social do fenômeno em variação/mudança (problema do encaixamento) e os estágios de transmissão e incrementação (problema da transição) – atravessados pelas atitudes subjetivas dos falantes (problema da avaliação). Deve ter em mente, ainda, que as mudanças na língua são contínuas, sendo possível captá-las em etapas mais ou menos avançadas, e que uma mudança supostamente completada pode se constituir também em gatilho para o início de uma nova mudança. Nesse sentido, admitindo a dificuldade em tratar de mudanças implementadas, Labov propõe como alternativa que o problema da implementação seja abordado através de sua contraparte – aquilo que o autor chamou, anos depois, em 2001, de "problema da continuação", cujo foco principal é a mudança em curso, e não a mudança completada.

> Vimos nesta seção que a TVM oferece ferramentas para guiar uma pesquisa empírica na busca de explicações acerca de como a estrutura linguística de uma comunidade de fala se transforma no curso do tempo de tal modo que tanto a língua quanto a comunidade permaneçam sistematicamente ordenadas. Essas ferramentas assumem a forma de "problemas" que orientam o pesquisador em suas investigações e podem ser sintetizadas nos tópicos a seguir:
>
> - Busca de tendências gerais a partir da identificação de restrições sobre fenômenos em variação/mudança.
> - Investigação do encaixamento linguístico e social de fenômenos em variação/mudança.

- Busca de estágios de transmissão e incrementação de fenômenos em variação/mudança.
- Identificação da avaliação linguística e social de fenômenos em variação/mudança.
- Averiguação da implementação de fenômenos em variação/mudança.

Leituras complementares:

- O clássico *Fundamentos empíricos para uma teoria da mudança linguística*, de Weinreich, Labov e Herzog (2006 [1968]), estabelece as bases teórico-metodológicas do que se conhece hoje como Sociolinguística Variacionista. Por seu caráter fundador e por levantar temas ainda atuais, sua leitura é indispensável àqueles que buscam um contato maior com a área.
- Em *Preconceito linguístico: o que é, como se faz*, Marcos Bagno (1999) discute alguns dos mitos presentes no senso comum a respeito da língua em nosso país e sugere caminhos para que se rompa o círculo vicioso composto por ensino tradicional, gramáticas tradicionais e livros didáticos que ajuda a perpetuar o preconceito linguístico.
- Em *Mudança linguística em tempo real*, organizado por Maria da Conceição Paiva e Maria Eugênia L. Duarte (2003), analisam-se distintos fenômenos de mudança no português falado no Brasil, como a monotongação de [ey], a concordância de número, o uso do sujeito pronominal, entre outros, na perspectiva da mudança em tempo real de curta duração.

Exercícios

1. Um amigo seu sabe que você está estudando Sociolinguística e diz que tem um grande interesse pela área e que sempre se admirou com o fato de as pessoas falarem de modos tão diferentes. O motivo do interesse, nas palavras de seu amigo, é que ele não consegue entender "como as pessoas conseguem errar tanto quando falam português". Segundo ele, as regras da língua são claras, fáceis de entender; existe uma forma

correta para se dizer cada coisa, e tudo está descrito nas gramáticas. A pesquisa dele em Sociolinguística, portanto, seria direcionada a descobrir o que faz as pessoas se equivocarem tanto e a desenvolver um plano de ação para que todos falassem corretamente.

Explique para o seu amigo que, ao contrário do que ele pensa, a Sociolinguística não costuma observar a língua dessa forma – e mostre o que, então, o sociolinguista faz com relação a essas diferenças que percebemos na língua. Lance mão dos conceitos teóricos que lhe foram apresentados neste capítulo e dê exemplos concretos de estudos variacionistas.

2. Weinreich, Labov e Herzog, no texto clássico *Fundamentos empíricos para uma teoria da mudança linguística*, iniciam suas reflexões acerca da mudança linguística com a seguinte questão:

> Afinal, se uma língua tem de ser estruturada, a fim de funcionar eficientemente, como é que as pessoas continuam a falar enquanto a língua muda, isto é, enquanto passa por períodos de menor sistematicidade? (Weinreich, Labov e Herzog, 2006 [1968]: 35)

a. Como os autores respondem a essa pergunta?
b. A resposta oferecida pelos autores rompe com alguns pressupostos teóricos do estruturalismo saussuriano. Quais são eles?

METODOLOGIA DA PESQUISA SOCIOLINGUÍSTICA

Objetivos gerais do capítulo

- O fazer empírico: passos iniciais – busca de informantes e constituição de amostras;
- Projeto de pesquisa – definição do envelope de variação, formulação de questões e hipóteses, definição de grupos de fatores, coleta e codificação de dados;
- Resultado: descrição do funcionamento de um fenômeno em variação no português do Brasil.

1. COLOCANDO A MÃO NA MASSA: O FAZER EMPÍRICO

Ao apresentarmos os conceitos de *comunidade de fala*, *redes sociais* e *comunidade de práticas* no capítulo anterior, vimos que não é propriamente o indivíduo que interessa ao pesquisador sociolinguista, mas o grupo social no qual ele vive e com o qual ele interage, de modo que o *locus* para a busca de dados linguísticos é a comunidade. A língua deve, pois, ser estudada em seu contexto social.

Em suas pesquisas, Labov opera basicamente com a noção de comunidade de fala, derivando-se daí a tradição de considerarmos essa noção como norteadora da constituição de bancos de dados para realização de pesquisas sociolinguísticas. São, pois, as metodologias de pesquisa centradas nas comunidades de fala que vamos priorizar neste livro. Nesta seção, vamos abordar os seguintes tópicos: seleção dos informantes; coleta de dados; identificação do envelope de variação; levantamento de questões e hipóteses; e codificação de dados e análise estatística.

1.1 Em busca dos informantes

Como já mencionamos, o que interessa ao sociolinguista é a língua em uso nas diversas situações comunicativas, especialmente na fala cotidiana; mais do que o indivíduo, o que interessa é o grupo social. Mas, obviamente, só podemos chegar ao grupo através do contato com os indivíduos – os **informantes** que nos fornecerão os dados. Tendo em vista que comunidades de fala, em geral, são compostas por centenas ou mesmo milhões de indivíduos, não temos outra opção a não ser coletar os dados referentes ao comportamento linguístico de uma comunidade apenas a partir de alguns de seus componentes; como vamos ver, isso não chega a ser uma limitação à pesquisa, pois na verdade uma quantidade pequena – mas representativa – da comunidade é tudo o que precisamos. É muito importante que os informantes selecionados para serem entrevistados sejam representativos da comunidade de fala a que pertencem. Vale lembrar, ainda, que, como toda pesquisa que envolve informantes, a pesquisa sociolinguística também está sujeita à aprovação prévia pelo Comitê de Ética da instituição à qual se vincula o pesquisador.

Alguns procedimentos devem ser seguidos quanto à *definição do universo da amostra* e ao *tamanho e estratificação da amostra*. Na definição do universo da amostra, partimos do seguinte ponto: Qual a comunidade de fala que desejamos investigar? Trata-se de uma comunidade da zona urbana, da periferia ou da zona rural? Um grupo linguisticamente minoritário na região? Uma comunidade bilíngue? Uma comunidade de pescadores? Uma resposta precisa a essas perguntas é imprescindível, pois a definição da comunidade de fala a ser investigada vai se refletir na maneira de selecionar os informantes.

Quanto ao tamanho da amostra, as pesquisas sociolinguísticas têm apontado que não há necessidade de amostras tão grandes como as usadas em outras pesquisas de natureza social (de intenções de voto, por exemplo) para se analisar fenômenos variáveis, uma vez que o uso linguístico é mais homogêneo do que o comportamento humano acerca de outros fatos, em virtude de não estar tão sujeito à manipulação consciente (com a ressalva de que no caso dos estereótipos possa haver algum grau de manipulação consciente). No que diz respeito à estratificação da amostra, é preciso considerar as dimensões sociais relevantes para a variação, pois elas vão se refletir no tamanho e na constituição da amostra, isto é, na constituição das **células sociais**.

Entendemos por "célula social" um conjunto de indivíduos agrupados pelas mesmas características sociais relevantes para a análise de fenômenos de variação e mudança linguística. As características sociais a serem contempladas na montagem das células não são aleatórias, mas seguem os critérios de estratificação social que têm se mostrado relevantes nos estudos sociolinguísticos, a saber, idade, escolaridade, sexo, nível socioeconômico, além de outros fatores extralinguísticos como região de origem, etnia etc.

O recomendado, em termos do número ideal de informantes, é de cinco por célula, de modo a garantir a representatividade da amostra; contudo, nem sempre alcançamos a quantidade de cinco informantes por célula social. Há bancos de dados linguísticos com quatro informantes por célula, e mesmo com dois. Quanto menor o número de informantes por célula, mais cautela precisamos tomar na análise dos resultados estatísticos concernentes aos fatores sociais.

Vejamos como funciona essa estratificação. Se vamos considerar as variáveis sociais "sexo/gênero", "idade" (três faixas etárias) e "escolaridade" (três níveis), por exemplo, podemos ter a seguinte distribuição dos informantes por células sociais:

Quadro 1: Distribuição dos informantes (Total = 90 informantes).

Escolaridade		Até 4 anos		De 5 a 8 anos		De 9 a 11 anos	
Idade	Sexo/Gênero	M	F	M	F	M	F
15 a 24 anos		5	5	5	5	5	5
25 a 49 anos		5	5	5	5	5	5
+ de 50 anos		5	5	5	5	5	5
Total		15	15	15	15	15	15

À medida que aumentarmos ou diminuirmos as variáveis sociais controladas, vai aumentar ou diminuir, proporcionalmente, o número de informantes de nossa pesquisa, em função do preenchimento das células sociais.

O próximo passo é saber como localizar informantes com essas características. A orientação é que a amostra seja aleatória (também chamada de "randômica"). O que vem a ser isso? Cada sujeito de uma população/comunidade tem igual chance de ser escolhido para fazer parte da pesquisa – trata-se de uma amostra probabilística, cujos resultados podem, depois, ser projetados para a comunidade de fala como um todo. Parte-se, então, para uma localização aleatória dos informantes, desde que se contemplem as características sociais já definidas nas células. Uma busca aleatória pode ser feita a partir de listas telefônicas, catálogos de endereços, registros eleitorais, dados de censos, escolas, grêmios, associações de bairros etc.

É recomendado que se utilize uma *ficha social* para cada informante, registrando dados de identificação (local de nascimento e de residência, idade, escolaridade, profissão e escolaridade dos pais etc.), informações relativas ao contexto da entrevista (tais como descrição do local e do tipo de interação entrevistador/informante), ou outras observações julgadas relevantes.

1.2 À cata de dados

As pesquisas sociolinguísticas são de base empírica, desenvolvidas a partir de dados linguísticos efetivamente produzidos. Como já foi enfatizado, as amostras mais representativas para esse tipo de pesquisa são as de fala espontânea. Não dispomos, no entanto, de registros orais de épocas distantes no tempo. Por isso, para pensarmos em termos de mudança linguística, especialmente a partir de usos de séculos passados, precisamos consultar textos escritos. Como, então, coletar dados para pesquisa sociolinguística? Que métodos podemos utilizar? É disso que tratamos nesta seção.

O principal método para a investigação sociolinguística é, segundo Labov, a observação direta da língua falada em situações naturais de interação social face a face. Essa língua é o **vernáculo** – estilo em que o mínimo de monitoração ou atenção é dispensado à fala. É a língua que usamos em nossas casas, com nossos amigos, nas reuniões de lazer, longe dos locais de trabalho, por exemplo, onde se requer uma fala mais cuidada. Mas como coletar o vernáculo? Como conseguir que os informantes falem livremente em entrevistas gravadas?

Esse problema consiste no chamado **paradoxo do observador**: o objetivo da pesquisa linguística na comunidade é verificar como as pessoas falam quando não estão sendo sistematicamente observadas; mas só podemos obter esses dados através da observação sistemática. Labov apresenta uma proposta para tentar neutralizar esse paradoxo, como veremos a seguir.

A melhor forma de coletar *bons dados* – que reflitam de forma fidedigna e em boa qualidade sonora o vernáculo – é a gravação de entrevistas individuais, procurando sempre minimizar a interferência de ruídos externos. No decorrer da entrevista, os dados mais interessantes provêm de narrativas de experiências pessoais. Ao envolver o falante em tópicos que recriem emoções fortes vividas no passado (por exemplo, fazendo perguntas como "Você já passou por uma situação em que correu risco de vida? Como foi?"), o entrevistador faz com que o informante desvie a atenção de sua própria fala, deixando o vernáculo emergir. O falante deixa de prestar atenção no *como* diz para ficar atento a *o que* diz. Outros estímulos desse tipo podem ser: "Conte um fato (história) que tenha acontecido com você e que tenha sido muito engraçado (ou muito triste, ou muito constrangedor)...". O nome que se dá a esse formato específico de interação, cuja finalidade é a composição de um banco de dados para estudos sociolinguísticos, é *entrevista sociolinguística.*

Um roteiro de entrevista sociolinguística não se restringe, contudo, à elicitação de narrativas de experiências pessoais. Os fenômenos variáveis que podem ser analisados são de diversos tipos, podendo envolver, por exemplo, tempos e modos verbais, uso de operadores argumentativos, formas de tratamento etc. O problema é que dificilmente vamos encontrar verbos no tempo futuro, ou no modo subjuntivo, ou no modo imperativo em relatos de fatos passados. Do mesmo modo, nesses relatos serão escassos os operadores argumentativos e diferentes formas de tratamento usadas para se dirigir ao interlocutor. Então, o pesquisador precisa estar atento para, de um lado, obter dados vernaculares e, de outro, obter dados pertinentes ao estudo que deseja desenvolver. Por isso, é importante que se diversifiquem os estímulos oferecidos ao longo da entrevista. Nas entrevistas, além de estimular *narrativas*, o entrevistador pode conduzir perguntas como:

- Fale sobre o local onde você mais gosta de ficar ou passear (*descrição*);
- O que você acha sobre: a escola; relacionamentos afetivos (amizade, namoro...); pressões sociais (família, escola, igreja...); vocação; política interna do país etc. Ou: fale sobre algo que lhe incomoda, ou provoca, ou agrada. Ou: o que você faria se... (*opinião, argumentação*);
- O que você sabe, ou gosta de fazer? Como se faz isso? (*procedimentos*).

Apresentamos, a seguir, alguns dados extraídos do projeto Varsul, para ilustrar tipos de sequências textuais presentes no *corpus*. Observe-se que a transcrição é permeada de sinais e acompanhada de códigos. Nos trechos destacados, E e F significam entrevistador e falante, respectivamente; (est) significa "estímulo do entrevistador"; ::... representa pausa.

Trechos de entrevistas sociolinguísticas

Trecho argumentativo:

[...] E: E que, que, como é que a senhora sente assim a cidade de Curitiba, a senhora gosta daqui?

F: Gosto, gosto, sempre gostei. Apesar que eu estava achando agora Curitiba muito suja.

E: Suja?

F: Suja. Curitiba é um cartão postal, é muito bonita, e agora está muito suja. Está suja e relaxada, mas isto acho que o culpado mesmo é o governo pela falta de verba. Porque você veja eu acho, eu sempre pego uma casa de uma família, eu faço uma comparação com o governo. Se numa casa não há boa administração então [as] as coisas não vão bem. E assim é o governo, se não tem administração boa o país não pode ir bem, [né?]

Trecho narrativo:

[...] Aí eu tava dormindo, tudo e::... eu tava com uma dor de cabeça, a minha mãe saiu pra pegar um óleo de::... de ungir, não tem? e passou, assim, na minha cabeça, orou, tudo. "Pelo amor de Deus, (est) que cure o meu filho, que tal." Aí chegou num dia pro outro eu [t-] fui dormir e curou, assim, passou a dor, passou a dor de cabeça assim, na hora.

Trecho descritivo:

[...] Bem, é assim: a diretoria é composta de seis pessoas: tem a presidente, a vice-presidente, a primeira secretária, a segunda secretária, a primeira tesoureira, a segunda tesoureira. Quer dizer que a presidente é eleita pelas sócias do Apostolado, que nós somos quase em 200, né?

Trecho com citação:

[...] eu não estava mais querendo saber de brincar assim de ficar o tempo todo com as minhas amigas. Eu estava querendo fazer aquilo ali. Aí ela achou assim que não, que as gurias eram menorzinhas, não sei quê, que podia me atrapalhar e tal. Daí ela foi cortando tipo: "Não vão fazer aqui, não sei quê". Ou então foi me botando na cabeça: "Lúcia, olha só, tu já estás nessa idade, essas pirralhas aí atrás de ti todo tempo, não sei quê". Aquelas coisas. Aí eu fui me desligando, e a minha família [é muito] era, principalmente, muito voltada assim pro esporte, né? Então, nessa época, meus doze anos, toda família começou a jogar vôlei, né?

Trecho com procedimentos:

(descrição de passos necessários na realização de determinadas tarefas)

[...] Mas, também, pode não/ se não quiser, também não precisa colocar que salada fica ótima do mesmo jeito sem salame... E tem o molho também pra salada que é: meia xícara de maionese... sabe? Tu pegas a maionesezinha, o suco de meio limão... sal, pimenta e um pouquinho de açúcar... tá? Isso é o que vai.

Outro tópico que costuma ser explorado numa entrevista sociolinguística, geralmente ao final, diz respeito a aspectos metalinguísticos. Tem-se observado que, quando os informantes vão comentar sobre fatos da própria língua, sua fala se torna mais cuidada. De modo geral, assuntos como relatos de experiências pessoais são os que mais propiciam a fala menos monitorada; por outro lado, perguntas que requerem a opinião do informante, e seu posicionamento mais comprometido, favorecem um maior monitoramento da fala. Também as perguntas de natureza metalinguística acabam por ativar a atenção do falante sobre o *como* as coisas são ditas. Nesse bloco da entrevista, voltado a fatos linguísticos, podem emergir aspectos interessantes relacionados à *identidade*. Os informantes podem identificar traços linguísticos regionais e socioculturais, por exemplo, caracterizadores de diferentes grupos: como veem ou percebem a fala típica do carioca, do mineiro, do gaúcho, do baiano, da sua própria região; a fala de pessoas urbanas ou de zonas rurais; a fala de indivíduos mais e menos escolarizados etc.

Um roteiro de entrevistas abrangente tem um papel importante tanto para garantir diferentes tipos de assunto e, consequentemente, dados linguísticos de natureza diversificada, como para uniformizar, em certa medida, os tipos de dados de vários informantes para comparação posterior, seja dentro de uma mesma comunidade, seja entre comunidades distintas. Cabe ao pesquisador, porém, adaptar o roteiro de entrevista a cada grupo estudado.

Nas entrevistas sociolinguísticas, o entrevistador deve tentar: neutralizar a força inibidora de sua presença (já que ele é, normalmente, uma pessoa estranha à comunidade) e do gravador, mostrando-se interessado, de fato, nas histórias que os informantes vão contar; e realizar o mínimo de interferências no momento em que o informante estiver discorrendo sobre os assuntos que despertem o seu interesse. Tomando esses cuidados, o pesquisador estimula o informante a "soltar" seu vernáculo e busca garantir textos com unidade discursiva e não fragmentados, ou, pelo menos, pouco fragmentados. No âmbito da Sociolinguística Laboviana, as entrevistas se constituem no melhor material de análise de fenômenos linguísticos em variação.

Ainda em se tratando de entrevistas, pesquisadores que abordam a questão das *redes sociais*, conceito que vimos no capítulo anterior, podem inserir no seu roteiro perguntas específicas para colher informações relevantes a essa abordagem, como sugerido a seguir.

1. [Você/tu/o(a) senhor(a)] mora aqui neste bairro há quanto tempo?
2. Gosta do lugar onde mora? Por quê? É um bom lugar para se criar os filhos?
3. Trocaria este bairro por outro desta cidade? Qual? Por quê?
4. [Se morador de área não urbana] O que acha das pessoas que moram no centro? Gostaria de morar no centro?
5. [Se morador de área central] O que acha das pessoas que moram nas localidades/bairros da periferia (tais como...)? Gostaria de morar num desses lugares?
6. Sobre encontros em família: Costumam se encontrar frequentemente? Conte como são alguns desses encontros.
7. Tem muitos amigos aqui no bairro? Eles moram aqui perto? Vocês se encontram com frequência?

8. Participa de algum grupo (futebol; esporte; folclore; de jovens; de idosos; na igreja; na comunidade; na escola...)? Qual o seu/teu envolvimento com esse grupo?
9. Acha que o morador daqui fala diferente das pessoas de outros bairros, ou de outras cidades, ou estados?
10. Conhece x, y ou z (informantes que já haviam sido ou viriam a ser entrevistados na localidade)? Qual é o nível/tipo de relacionamento entre vocês?

Perguntas direcionadas a redes sociais estabelecidas na vida cotidiana dos informantes colhem informações relevantes acerca de noções como *mobilidade* (grau de deslocamento dos indivíduos) e *localismo* (sentimento do indivíduo em relação ao local em que vive) que podem interferir significativamente nos usos linguísticos desses indivíduos.

Entrevistas sociolinguísticas também podem ser realizadas para o estudo da variação linguística entre indivíduos que compartilham práticas sociais ligadas ao processo de constituição de suas identidades, ou seja, sob o enfoque da noção de *comunidades de prática*, também já apresentada no capítulo anterior. Pressupõe-se que é através de práticas sociais que ocorre a produção de significados sociais, não só compartilhados pelos membros do grupo, mas também difundidos para outros grupos na dinâmica de diferentes espaços interacionais. Os significados sociais que constituem a identidade dos membros das comunidades de prática se agregam também à linguagem do grupo. Assim, do ponto de vista metodológico, podem-se identificar diferentes grupos sociais e gravar entrevistas com os indivíduos que participam desses grupos: grupo de adolescentes da escola X; membros de determinada associação de moradores; integrantes da colônia de pescadores de certo local; e assim por diante.

Um bom exemplo de trabalho que focaliza comunidade de prática é o realizado por Penelope Eckert (1996). A autora estudou a realização variável do ditongo /ay/, que pode ter a semivogal eliminada, ou a vogal alçada no inglês, mostrando que suas diferentes realizações veiculam valores sociais distintos de acordo com valores socioculturais do grupo. Eckert fez um estudo etnográfico com 49 adolescentes americanos brancos de uma escola pública de subúrbio de Detroit. Ela analisou dados de fala de dois grupos de um mesmo nível de escolaridade, identificados como *jocks* e *burnouts*, controlando em cada grupo o sexo dos informantes. Ela acompanhava os adolescentes pelos arredores da escola, no pátio, na cafeteria, em atividades extracurriculares etc., gravando suas conversas sobre diversos assuntos: problemas escolares, problemas com amigos, amizades e inimizades, diversões, cigarro e bebida, entre outros. Essa pesquisa ilustra a abordagem que Eckert define como a "terceira onda" dos estudos sociolinguísticos, como apontado no capítulo precedente.

Os grupos apresentavam valores simbólicos distintos. Os *jocks* eram caracterizados por incorporar uma cultura de classe média, manter redes sociais no âmbito da escola, aceitar as normas institucionais e permanecer no subúrbio por considerar a área urbana perigosa, embora desejassem se afastar dali futuramente. Os *burnouts* eram caracterizados por incorporar uma cultura de classe trabalhadora, manter frouxas relações no universo escolar, resistir às normas institucionais e ultrapassar os limites do subúrbio em direção à área urbana, embora se mostrassem bastante ligados a sua comunidade de origem.

Os resultados do estudo de Eckert sobre a realização do ditongo /ay/ mostraram que as variantes carregam valores sociais distintos, especialmente entre as meninas dos dois grupos. A autora explica esse resultado pela sujeição das meninas do grupo *jock* às normas locais socialmente aceitas em termos de comportamento feminino, e pela rejeição das do grupo *burnouts* a essas mesmas normas. No caso, os jovens *burnouts* estariam construindo um significado social dentro da comunidade de práticas à qual pertencem: um conjunto de pessoas agregadas em torno de um objetivo comum, compartilhando não apenas crenças, valores e modos de agir, mas também modos de falar. Dessa forma, o uso das variáveis linguísticas é visto como parte da prática das comunidades, adquirindo aí significado social.

Como já vimos nos capítulos precedentes, os fenômenos variáveis podem ser condicionados por fatores linguísticos e/ou extralinguísticos. Entre os condicionadores externos à língua, temos os grupos de fatores sociais que estratificam o falante (como observado no Quadro 1 da seção anterior), fatores associados a redes sociais ou a comunidade de práticas, e também fatores de natureza estilística. E é da *variação estilística* no âmbito da entrevista sociolinguística que vamos tratar agora.

Antes de apresentarmos algumas premissas metodológicas, convém fazer uma distinção entre *variação intrafalante* e *variação interfalante*.

A variação intrafalante corresponde à variação na fala de um mesmo indivíduo; já a variação interfalante corresponde à variação linguística entre indivíduos e grupos de indivíduos. A primeira costuma ser associada à variação estilística e a última, à chamada variação social.

Entre as premissas metodológicas depreendidas por Labov a partir de pesquisas de campo, encontramos as seguintes:

- não existe falante de estilo único;
- os estilos podem ser dispostos ao longo de uma dimensão medida pelo *grau de atenção* dispensado à fala (monitoramento);
- ao longo da entrevista, o falante alterna estilos de fala mais formal e menos formal;
- é no vernáculo que encontramos os dados mais sistemáticos para a análise da estrutura linguística.

Para captar níveis estilísticos distribuídos num gradiente, Labov desenvolve *dois modelos de análise*: um que envolve a aplicação de diferentes testes durante a entrevista, outro chamado de árvore de decisão. Comentaremos brevemente essas abordagens a seguir.

O primeiro modelo segmenta a entrevista em cinco tipos de *estilos contextuais*, distribuídos num *continuum* de graus de atenção ou de monitoramento:

fala casual > fala monitorada > leitura texto > leitura listas de palavras > leitura pares mínimos
estilo [-tenso/informal] ———————————————→ estilo [+tenso/formal]

Os contextos são assim definidos:

- fala casual – trechos de fala espontânea que escapam à entrevista formal, como interrupções do informante para atender telefone, servir um café, dirigir-se a uma terceira pessoa; trechos em que o informante divaga, desviando o foco da entrevista para seus próprios interesses; relatos de episódios que envolvem risco de vida;
- fala monitorada – fala mais cuidada, correspondente à situação predominante ao longo da entrevista;
- leitura de texto – trecho lido pelo informante, que apresenta as variáveis fonético-fonológicas de interesse do pesquisador distribuídas em diferentes parágrafos;

- leitura de listas de palavras – palavras lidas pelo informante, apresentando as variáveis fonético-fonológicas estudadas;
- leitura de pares mínimos – palavras dispostas em pares mínimos de modo a se distinguirem apenas pela realização de um fonema.

A ideia é que à esquerda do *continuum* a fala se caracteriza por apresentar menor grau de atenção do falante, e que o grau de atenção vai aumentando à medida que se avance nos contextos distribuídos no diagrama, de modo que na situação de leitura de pares mínimos o grau de atenção é maior. Esse método se pauta no pressuposto de que fenômenos variáveis de natureza fonético-fonológica sejam sensíveis à variação estilística, de maneira que o grau de formalidade do contexto, correspondente ao grau de atenção dispensado à fala, se reflita em diferentes realizações das variantes: variante não padrão na fala casual e variante padrão na leitura de pares mínimos, com um gradiente entre esses extremos, que se refletiriam em resultados estatísticos também distribuídos ordenadamente.

Apresentamos brevemente um procedimento metodológico que ilustra o controle do contexto estilístico no estudo de um fenômeno variável de natureza fonética no português falado no Brasil. O estudo diz respeito à realização do /r/ por alunos do ensino fundamental de uma região de colonização italiana em Santa Catarina, em pesquisa realizada por Mary Spessato (2011). Foram gravadas: narrativas do cotidiano dos informantes; leitura de pequeno texto contendo palavras com a variável em estudo; e opinião dos informantes acerca do fenômeno em variação (teste de percepção/avaliação social). Focalizando a realização de tepe em contexto de vibrante múltipla (ex.: 'caroça' em vez de 'carroça'), a pesquisa mostrou a seguinte correlação no *continuum* estilístico:

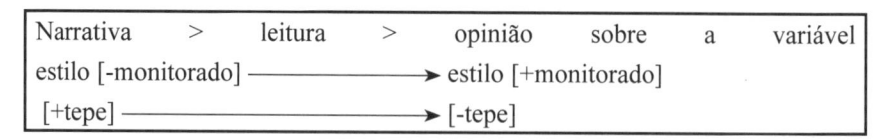

Narrativa   >   leitura   >   opinião sobre a variável
estilo [-monitorado] ——————→ estilo [+monitorado]
[+tepe] ——————————→ [-tepe]

O que o quadro anterior nos diz? Na primeira linha, temos a distribuição dos diferentes contextos que foram gravados; na segunda linha, o *continuum* estilístico caracterizado pelo grau de monitoramento da fala; e na terceira, as variantes da vibrante: /r/ fraco [+tepe] e /r/ forte [-tepe]. Que correlações podemos estabelecer? As narrativas, consideradas como contexto em que o informante monitora menos a sua fala, propiciam maior uso de /r/ fraco ('caroça') em lugar da vibrante múltipla; em contrapartida, a parte da entrevista em que os alunos externam sua opinião acerca do fenômeno variável pesquisado, tida como contexto em que o informante presta mais atenção a sua fala, favorece a realização do /r/ forte ('carroça'); além disso, o contexto de leitura, identificado como tendo grau de monitoramento intermediário, mostra-se como aquele em que a frequência de realização do /r/ fraco se situa no entremeio. Conclui-se, pois, que o fenômeno de realização do /r/ intervocálico em palavras em que deveria ser produzido como /r/ forte é sensível à variação estilística na amostra analisada.

No segundo modelo de análise proposto por Labov, o da árvore de decisão, são excluídas as leituras de texto e de palavras e a entrevista é segmentada pelo pesquisador em oito contextos, distribuídos quatro a quatro pelos eixos de fala cuidada e de fala casual, dispostos em ordem decrescente de objetividade (os dois primeiros de cada eixo são tidos como mais objetivos e os dois últimos como menos objetivos).

Árvore de decisão para análise estilística na entrevista sociolinguística (esquema adaptado de Labov, 2001: 94).

```
Fala cuidada        Fala casual
        \          /
       Resposta
              \   
               \  Narrativa
       Língua  /
              \
               \  Grupo
       Soapbox /
              \
               \  Infância
       Residual/
              \
               \  Tangente
```

Esses oito contextos são assim descritos, começando pelo eixo da fala cuidada:

- Resposta – primeira sentença que segue a fala do entrevistador;
- Língua – trechos que tratam de questões sobre gramática, atitudes linguísticas etc.;

- *Soapbox* – opiniões de caráter genérico, como se fossem dirigidas a uma audiência mais ampla;
- Residual – fala que não se enquadra em nenhuma das categorias anteriores;
- Narrativa – somente as de experiência pessoal;
- Grupo – fala dirigida a uma terceira pessoa ou ao próprio entrevistador, porém externa à entrevista formal;
- Infância – fala sobre jogos ou experiências infantis de um ponto de vista da criança;
- Tangente – trecho de fala que se desvia do último tópico proposto pelo entrevistador, mostrando ser de grande interesse do informante.

Novamente, a expectativa é que fenômenos linguísticos variáveis sejam suscetíveis ao gradiente de estilos contextuais em cada um dos eixos da entrevista. Vamos pensar, por exemplo, no fenômeno da concordância nominal em português. O esperado seria, em relação à arvore de decisão, que os informantes realizassem menos concordância nos trechos da entrevista dispostos no eixo da fala casual, pois nesse eixo haveria um grau menor de atenção à fala – o índice maior de não marcação de concordância ocorreria nas narrativas de episódios particulares de sua vida. Por outro lado, o grau de atenção à fala estaria mais ativado nas respostas e nos trechos em que o entrevistado falasse sobre a língua, por isso a expectativa de que nesses trechos da entrevista haveria maior índice de marcação da concordância; e assim por diante.

Deve-se observar, no entanto, que nem todas as entrevistas sociolinguísticas de que dispomos recobrem esses contextos descritos por Labov. De qualquer forma, essa proposta metodológica pode ser um bom ponto de partida – não só para segmentar a entrevista, mas também para que o pesquisador que ainda vai a campo conduza as entrevistas levando em consideração esses contextos de controle. Além disso, ela pode ser adaptada conforme as particularidades dos dados e os objetivos do pesquisador. Salientamos que não se trata de receita pronta... Tanto a árvore de decisão como os estilos contextuais que envolvem também a leitura de textos e de palavras são pontos de partida a serem testados, avaliados e, caso necessário, reformulados pelo pesquisador.

Embora as entrevistas sociolinguísticas típicas forneçam os dados mais interessantes para os estudos variacionistas, elas não se constituem no único tipo de material a ser analisado.

Outras formas de coleta de dados

- Entrevistas anônimas e rápidas (por exemplo: ao estudar a variável "presença/ausência de /r/ em posição pós-vocálica na cidade de Nova York", Labov visitou três lojas de departamentos, fazendo perguntas aos funcionários cuja resposta deveria ser *fou_rth_ floo_r_* (quarto andar), e registrando, a seguir, cada resposta. Com essa estratégia rápida de coleta, ele levantou os dados que desejava analisar);
- Observações e apontamentos assistemáticos sobre a língua em uso (em trens, ônibus, balcões de lojas, bilheterias, filas etc.);
- Gravações de programas de TV e rádio;
- Gravações em locais de desastres (situação em que as pessoas se encontram sob impacto emocional), em discursos públicos;
- Gravações de interações entre pares de informantes;
- Testes sobre usos linguísticos – de produção e de percepção.

Em relação a testes de *produção* e de *percepção*, há evidências de que existe uma grande assimetria entre percepção e produção – as regras variáveis são, de fato, regras de produção e não de percepção. Apesar da assimetria apontada, diferentes testes desse tipo podem ser criados e aplicados em pesquisas sociolinguísticas, tais como os listados a seguir.

- **Testes de atitude/avaliação** – levam o informante a avaliar socialmente as variantes (prestígio *versus* estigma, certo *versus* errado), identificar características socioculturais dos falantes (etnia, classe social) a partir da audição de gravações, identificar características da personalidade dos falantes a partir da audição (inteligência, personalidade) etc.
- **Testes de (in)segurança linguística** – levam o informante a escolher qual, dentre duas ou mais formas alternantes, é a "correta" e qual a que ele normalmente usa. Nesse caso, considera-se que o falante vai demonstrar segurança se achar que a *sua* fala é *a* variedade de prestígio; vai revelar insegurança se considerar sua fala pouco valorizada etc.

Um bom exemplo de testes de percepção e produção é apresentado por Tarallo (1985) com relação ao uso das orações relativas. Ele sugere que se apresente aos informantes uma bateria de construções, sem uma ordem predeterminada, para que eles digam quais são as mais aceitáveis e quais são as menos aceitáveis. Uma simulação de teste desse tipo é apresentada no quadro a seguir.

Simulando um teste de percepção e de produção

Um teste de percepção poderia ser assim organizado:

Numere as frases, de 1 a 3, de acordo com o grau de aceitabilidade: (1) para a mais aceitável, (2) para a mais ou menos aceitável e (3) para a menos aceitável.
a. ( ) Eu tenho uma amiga que é ótima.
b. ( ) Eu tenho uma amiga que você conhece ela.
c. ( ) Eu tenho uma amiga que você conhece.
d. ( ) Eu tenho uma amiga que ele se encontrou no Rio.
e. ( ) Eu tenho uma amiga que ela é ótima.
f. ( ) Eu tenho uma amiga com quem ele se encontrou no Rio.
g. ( ) Eu tenho uma amiga que ele se encontrou com ela no Rio.
h. ( ) Eu tenho uma amiga que o marido dela se mudou para o Rio.
i. ( ) Eu tenho uma amiga cujo marido se mudou para o Rio.
j. ( ) Eu tenho uma amiga que o marido se mudou para o Rio.

Confira seu teste!
Nas frases (a, c, f, i) temos relativas padrão. Nas demais, temos relativas não padrão. Entre essas: as frases (b, e, g, h) são de relativas com pronome lembrete; e as frases (d, j) são de relativas cortadoras.

No estudo de Tarallo (ele testou uma bateria com mais de cem frases entre informantes de classe média e de classe alta), os resultados apontaram que informantes da classe média avaliaram como aceitáveis 79% das relativas padrão, enquanto informantes da classe alta avaliaram como aceitáveis 93% dessas mesmas construções. Por outro lado, a classe média aceitou 47% das relativas não padrão e a classe alta somente 29%. Percebe-se, assim, uma correlação entre classe social dos falantes e grau de aceitabilidade de construções sintáticas padrão e não padrão.

Tarallo sugere um refinamento desse teste: comparar qual das relativas não padrão é a mais estigmatizada. Uma das hipóteses do autor é que a construção com 'cujo' seja evitada por ser considerada uma forma de pedantismo. E a sua hipótese, qual seria?

Um teste de produção, segundo o autor, poderia ser organizado do seguinte modo:

Reúna as duas sentenças a seguir numa única sentença, fazendo as devidas alterações:

Aquela menina é bonita. Aquela menina é de São Paulo.

Duas opções são previsíveis aí:
1. Aquela menina que é de São Paulo é bonita.
2. Aquela menina que ela é de São Paulo é bonita.
– Você formulou uma dessas combinações? A primeira é de relativa padrão e a segunda é de relativa não padrão com pronome lembrete.

Veja o resultado da testagem de Tarallo (ele ofereceu 36 diferentes situações): os informantes de classe média produziram 75% de relativas padrão e os de classe alta, 94%. Dessa forma, nesse estudo, o teste de produção ratificou os resultados do teste de percepção.

Outra coleta de dados interessante é aquela que contempla produções de *fala* e de *escrita* de um mesmo informante. Pode-se, por exemplo, coletar amostras de fala e de escrita de alunos, observando-se as seguintes etapas: seleção das escolas participantes (públicas e privadas, por exemplo); seleção dos informantes considerando-se o ano de escolarização, a idade e o sexo/gênero; realização de gravação individual de uma narrativa de experiência pessoal (de um acontecimento alegre, ou triste, ou divertido etc.); solicitação de um relato escrito do mesmo acontecimento gravado; e armazenamento das coletas de dados de fala e escrita de cada informante.

Falamos, até aqui, sobre procedimentos de constituição de amostras para a realização de pesquisas. Para se fazer uma pesquisa sociolinguística, entretanto, nem sempre é necessário ir a campo; podem-se utilizar dados de um banco previamente constituído, e, no Brasil, já há vários **bancos de dados linguísticos** disponíveis.

O primeiro deles é do projeto Nurc (Norma Linguística Urbana Culta), formado na década de 1970 com entrevistas gravadas em cinco capitais brasileiras – Porto Alegre, São Paulo, Rio de Janeiro, Salvador e Recife – com informantes de nível universitário, envolvendo três tipos de coleta: diálogo entre dois informantes, diálogo entre informante e entrevistador e elocução formal. A importância do projeto Nurc se evidencia, por exemplo, nos oito volumes da *Gramática do português falado* e nos cinco volumes (dois deles atualmente ainda em preparação) que comporão a *Gramática do português culto falado no Brasil* – resultados de um projeto coordenado pelo professor Ataliba Castilho.

Além desse banco de dados de fala culta, outros tantos se formaram, e estão se formando, no Brasil, coletando outros tipos de amostras. O Quadro 2 ilustra os empreendimentos nessa área.

Quadro 2: Bancos de dados linguísticos (ampliado de Gonçalves, 2009).

Projeto	Procedência	Tamanho da amostra (nº de informantes)	Variáveis sociais controladas
Programa de Estudos sobre Usos da Língua (PEUL – Amostra Censo)	Cidade do Rio de Janeiro	64 (amostra básica)	Sexo/gênero, faixa etária e escolaridade
Variação Linguística na Região Sul (Varsul)	Região Sul do Brasil (12 áreas urbanas)	288 (amostra básica)	Sexo/gênero, faixa etária e escolaridade
Variação Linguística na Paraíba (VALPB)	Estado da Paraíba	60	Sexo/gênero, faixa etária e escolaridade
Dialetos Sociais Cearenses	Fortaleza	23	Sexo/gênero, faixa etária, bairro e classe social
Língua Usada em Alagoas (LUAL)	Maceió	32	Sexo/gênero, faixa etária e escolaridade
Discurso & Gramática (D&G)	Cidade do Rio de Janeiro, Niterói (RJ), Natal (RN), Juiz de Fora (MG) e Rio Grande (RS)	171	Sexo/gênero, faixa etária e escolaridade

Amostra Linguística do Interior Paulista (ALIP)	Região Noroeste do estado de SP (7 áreas urbanas)	152	Sexo/gênero, faixa etária, escolaridade e renda familiar
Banco de Dados Sociolinguísticos da Fronteira e da Campanha Sul-rio-grandense (BDS Pampa)	19 municípios da faixa de fronteira (Brasil, Uruguai, Argentina) e campanha gaúcha	552 (banco em formação)	Sexo/gênero, faixa etária e escolaridade
Banco de Dados Sociolinguísticos Variáveis por Classe Social (VarX)	Pelotas (RS)	90	Sexo/gênero, faixa etária, e classe social

Vamos comentar brevemente dois dos projetos descritos no Quadro 2 e seus desdobramentos.

O PEUL/UFRJ, pioneiro em pesquisas sociolinguísticas no Brasil, serviu como parâmetro para a constituição de bancos de dados em outras instituições de pesquisa. O projeto expandiu sua amostra básica constituída na década de 1980, incluindo amostras de fala dos anos 2000, além de uma amostra de língua escrita, representada por textos jornalísticos de diversos gêneros, objetivando verificar a sistematicidade da variação e a trajetória de processos de mudança. Isso nos remete à distinção entre mudança linguística em tempo aparente e mudança linguística em tempo real (conceitos já estudados no capítulo anterior). O projeto PEUL coletou duas novas amostras de fala na década de 2000: uma com recontato de 16 dos 64 informantes da amostra básica, para realização de *estudo de painel* – mudança de curta duração no indivíduo –, e outra com gravações de 32 novos informantes estratificados de acordo com a amostra básica, para realização de *estudo de tendência* – mudança em curta duração na comunidade (mais informações sobre o projeto podem ser obtidas no site do projeto: <http://www.letras.UFRJ.br/PEUL/index.html>). Uma descrição detalhada dessas amostras, além de resultados de vários estudos de mudança em tempo real, pode ser encontrada no livro organizado por Maria Conceição Paiva e Maria Eugênia Duarte (2003), *Mudança linguística em tempo real*. O quadro a seguir sintetiza a metodologia de coleta de dados para análise de mudança linguística.

Coleta de dados para análise de mudança linguística

Os bancos de dados, ao controlarem a variável "faixa etária" (com diferença de 15 a 20 anos entre as faixas), oferecem amostras para testar hipóteses de *mudança linguística em tempo aparente* – mudança captada na fala de indivíduos de diferentes gerações numa comunidade, num dado período de tempo. Para estudos que investigam *mudança linguística no tempo real*, precisamos de uma metodologia de coleta própria. O pesquisador, nesse caso, pode lançar mão de três tipos de metodologia, as duas primeiras referentes a dados de fala e a terceira a dados de escrita:

- Coletar amostras de fala de mesmos indivíduos relativas a dois momentos diferentes, com o objetivo de perceber a estabilidade e/ou mudança na fala do indivíduo. O pesquisador retorna à comunidade de fala (cerca de vinte anos depois), procurando entrevistar os mesmos informantes para proceder a uma análise comparativa dos dados. Esse é um estudo do tipo *painel*;
- Coletar amostras aleatórias, mas com a estratificação social idêntica, da mesma comunidade de fala, relativas a dois momentos diferentes, com o objetivo de perceber a estabilidade e/ou mudança na comunidade. O pesquisador retorna à comunidade de fala (cerca de 20 anos depois), entrevistando informantes que se enquadrem nas mesmas características sociais dos anteriores – ou seja, se 20 anos antes entrevistou informantes na faixa dos 40 anos, 20 anos depois entrevistará outros informantes com 60 anos. Esse é um estudo do tipo *tendência*;
- Coletar textos escritos que potencialmente possam refletir o vernáculo de certo período de tempo. Por exemplo: cartas de cunho pessoal, diários, textos teatrais que tenham trazido a fala de diferentes camadas da sociedade, além de informações de atlas linguísticos e textos que forneçam alguma informação sobre avaliação linguística, como gramáticas.

O Varsul apresenta uma particularidade interessante: coletou dados em cidades representativas de diferentes influências étnicas – italiana, alemã, eslava, açoriana, entre outras –, o que permite verificar eventuais influências da etnia no uso linguístico. Esse projeto também já ampliou sua amostra básica nas três capitais da região Sul (Porto Alegre, Florianópolis e Curitiba) – formada inicialmente por duas faixas etárias (25 a 49 e mais de 50 anos) e três níveis de escolaridade (até 4 anos, de 5 a 8 e de 9 a 11 anos) –, incluindo posteriormente duas novas faixas etárias (7 a 12 e 15 a 24 anos) e mais um nível de escolaridade (universitários).

Em relação à escrita, amostras sistemáticas diacrônicas começaram a ser coletadas no Brasil na década de 1980. A primeira coleta foi coordenada pelo professor Fernando Tarallo, na Unicamp. Alguns dos textos levantados por sua equipe datam de 1316 a 1937 e fazem parte do exemplar: *Tempos linguísticos: itinerário da língua portuguesa*, escrito pelo autor. Outros bancos, organizados, principalmente, para pesquisas de História da Língua, também se prestam a estudos sobre variação e mudança, como o que foi coordenado pela professora Rosa Virgínia Mattos e Silva, na Bahia (UFBA). Temos também amostras de escrita diacrônica que estão sendo coletadas (já há mais de uma década) em diversas capitais do Brasil pelos pesquisadores do projeto nacional Para uma História do Português Brasileiro (PHPB), coordenado pelo professor Ataliba Castilho.

1.3 Fechando o cerco: o envelope de variação

Uma vez definida a comunidade de fala a ser investigada, os informantes e a amostra a ser analisada, parte-se para a delimitação precisa do objeto de estudo e do seu respectivo envelope de variação. **Envelope de variação** é o nome dado, em um estudo sociolinguístico, à descrição detalhada de uma variável, de suas variantes e dos contextos em que elas podem ou não ocorrer, ou seja, de como exatamente um fenômeno em variação está se manifestando na língua. Para isso, é necessário primeiramente reconhecer uma variável e identificar suas possíveis variantes. Esse processo inicial é um pouco intuitivo, depende das impressões que o pesquisador tem a respeito da fala da comunidade investigada, mas a partir da observação dos primeiros dados, essa questão vai se delimitando e as impressões do pesquisador sendo confirmadas ou não.

Quantas variantes tem uma variável linguística? Vamos abordar essa questão a partir de alguns dados. Comecemos observando o trecho a seguir, extraído do trabalho de Lucca (2005), realizado com amostras de fala entre adolescentes masculinos do Distrito Federal.

1. O maluco lá falou: "já tô com o estilingue esperando a hora dela descer". Aí eu falei: "vamo estourar esse balão de gás". Aí a mulher virou pra trás.
2. Eu fiquei foi com raiva, ontem eu fiquei foi com raiva.
1. Por quê?
2. Porque foi passando a lotação lotada, véio, aí nego parou, aí eu desci lá no centro, véio, aí tipo assim, "em um em um minuto passa uma lotação, véio".
1. Aí a mulher virou pra trás: "balão é o que **você** tem aí debaixo... dois balãozinho." Aí peguei e falei: "mais esses balãozinho num é pra **tu**, não".

(Rapaz reproduzindo um diálogo entre ele e uma mulher desconhecida, num ônibus/Taguatinga; p. 91)

Note-se que no último turno do diálogo, o informante 1, ao reproduzir a fala da mulher "[...] o que **você** tem aí debaixo..." e a resposta dele "[...] num é pra **tu**, não", utiliza dois pronomes diferentes – 'tu' e 'você' – como forma de referência ao interlocutor. Temos, aqui, duas variantes ('tu' e 'você') para representar a variável "referência *à* segunda pessoa (P2)".

Atentemos, agora, para os seguintes dados relativos à regência do verbo 'ir' de movimento, retirados do trabalho de Maria Cecília Mollica (1996), realizado com a amostra Censo/PEUL do Rio de Janeiro.

(1) Eu tenho o maior desejo de *ir* <u>à</u> Bahia!
(2) Aí tem que *ir* <u>pro</u> médico tomar injeção.
(3) Simplesmente você *vai* <u>em</u> Minas, é um modo de tratar, né?

Nesse caso, temos três variantes ('a', 'para' e 'em') no papel de preposição que introduz o complemento locativo do verbo 'ir' expressando ideia de movimento. É possível também agrupar as variantes 'a' e 'para' e contrapô-las à variante 'em', com base no critério "padrão" e "não padrão", respectivamente, transformando três variantes em duas.

Vejamos agora a realização da consoante vibrante em português. Observemos como é pronunciado o /r/ em posição final de sílaba, em palavras como: 'mar', 'carta', 'carne', 'cantor'. Monaretto (2002), estudando a realização da vibrante pós-vocálica em dados da comunidade de fala de Porto Alegre, encontrou as seguintes realizações da vibrante em posição de coda: tepe, vibrante alveolar, retroflexa, fricativa velar e apagamento.

Temos então, aqui, cinco variantes para a variável linguística "realização de /r/ em posição de coda".

Podemos retomar, nesse ponto, a pergunta formulada anteriormente: quantas variantes tem uma variável linguística? A resposta é: duas ou mais, dependendo do fenômeno investigado, pois, como vimos, por definição, um fenômeno variável implica sempre a existência de *duas ou mais* formas de se veicular um mesmo significado referencial/representacional.

Como já foi mencionado no capítulo inicial deste livro, a variável linguística escolhida como objeto de estudo é tratada, na análise quantitativa, como **variável dependente**. Podemos ter, portanto, variáveis dependentes **binárias** (com duas variantes), **ternárias** (com três variantes) ou **eneárias** (com quatro ou mais variantes). A variável dependente é tomada como referência para se testar a atuação de diferentes **variáveis independentes**, ou grupos de fatores, que possam influenciar a escolha entre as formas alternantes, ou a aplicação da regra variável. Voltaremos a esse ponto na seção "O resultado: retrato de um fenômeno em variação".

Consideremos a seguinte passagem:

> A identificação de uma variável inclui definir as variantes (o que é e o que não é uma ocorrência da variável em estudo) e determinar o envelope da variação (onde é possível ou impossível que a variável ocorra). Contextos categóricos (nos quais não há variação) e contextos neutralizadores (nos quais a variação é irrelevante ou imperceptível) devem ser identificados e, normalmente, são excluídos da análise. (Guy e Zilles, 2007: 36)

Na prática: no estudo sobre a realização da vibrante pós-vocálica anteriormente referido, por exemplo, o envelope de variação engloba a possibilidade de produção de cinco diferentes variantes, cujo *locus* de ocorrência é definido de acordo com o léxico do português, de modo que todas as palavras que apresentem /r/ em coda silábica, isto é, em final de sílaba (incluindo final de palavra), são consideradas ambiente propício à variação em foco. Nesse fenômeno, como têm mostrado os estudos, dificilmente são encontrados contextos categóricos, em que apenas uma das formas irá ocorrer. Como ambientes *neutralizadores*, temos, por exemplo, sequências em que a variante em questão ocorre em final de palavra e a palavra seguinte inicia com um fonema semelhante ('comprarrégua', 'marrevolto'). Esses dados devem ser excluídos da análise variacionista, uma vez que não se pode discriminar com segurança se o /r/ pertence à primeira, à segunda ou a ambas as palavras (um caso de sândi externo). Da mesma maneira, devem ser desconsiderados desse tipo de análise aqueles dados cuja audição é prejudicada por ruídos externos ou por problemas de articulação do falante.

Uma vez definido o envelope de variação, passa-se à formulação de questões e hipóteses, o que será tratado na seção a seguir.

1.4 Quebrando a cabeça: perguntas e respostas

A observação empírica da fala das pessoas e a própria intuição de falante nativo do português, além da revisão da literatura (isto é, leituras e resenhas já feitas sobre trabalhos que focalizam o objeto de interesse), guiam o pesquisador na formulação de questões e hipóteses que vão orientar sua investigação.

Para exemplificar, consideremos a variável morfossintática "concordância verbal com P4". Examinando amostras de fala das comunidades gaúchas de Porto Alegre e Panambi (Varsul), Ana Zilles et al. (2000) encontraram os seguintes tipos de ocorrências:

-*mos*: Nós **falamos** corretamente português
-*mo*: Nós **falamo** o nosso alemão
zero: Nós **era**Ø agricultor

São três variantes para expressar a concordância verbal com o pronome 'nós': a forma padrão (-*mos*), a forma não padrão com apagamento de -*s* no morfema número-pessoal (-*mo*) e a omissão do morfema (Ø). Além dessas variantes, foi encontrada também a forma -*emo*, com alternância da vogal temática, tanto no presente como no pretérito perfeito do indicativo ('nós compremo'). Nesse estudo foram testadas, entre outras, as seguintes hipóteses (observe-se que as duas primeiras hipóteses são de natureza linguística e as outras duas são extralinguísticas):

a. A forma verbal proparoxítona favorece a omissão da desinência número-pessoal -*mos*;
b. A posposição do sujeito favorece o apagamento da marca de concordância;

c. As formas não padrão (zero e -*mo*) são favorecidas na fala dos informantes com menor grau de escolaridade;
d. As formas não padrão são mais favorecidas em Panambi, em decorrência da aquisição tardia do português pelos falantes bilíngues (alemão e português) desta comunidade. (Adaptado de Zilles et al., 2000: 204)

Essas hipóteses se constituem em respostas possíveis e esperadas a questões como:

a. Qual é o efeito da tonicidade sobre o uso variável da concordância verbal?
b. Qual é o papel da posição do sujeito em relação ao verbo para a realização da concordância?
c. Qual é o papel da escolaridade na realização da concordância verbal com P4?
d. Qual é o papel do bilinguismo no uso variável da concordância verbal com P4?

A operacionalização das hipóteses é feita mediante o levantamento de *grupos de fatores* (ou variáveis independentes). Nesse caso, foram testados os seguintes grupos de fatores, entre outros:

1. Posição do acento na forma verbal alvo (forma padrão) – proparoxítonas ou paroxítonas;
2. Posição do sujeito em relação ao verbo – posposição, anteposição direta, distância entre sujeito e verbo de uma a três sílabas, e distância entre sujeito e verbo de mais de três sílabas;
3. Escolaridade – até 4 anos de escolarização ou ensino médio;
4. Comunidade – Panambi ou Porto Alegre.

Temos, então, quatro grupos de fatores: "posição do acento", "posição do sujeito", "escolaridade" e "comunidade". Cada um desses grupos é constituído, respectivamente, pelos seguintes *fatores*: proparoxítonas e paroxítonas; posposição, anteposição, distância de uma a três sílabas, e distância de mais de três sílabas; até quatro anos de ensino médio; Panambi e Porto Alegre, respectivamente.

A análise da concordância verbal foi feita em três etapas: 1) com variável dependente ternária (-*mos*, -*mo* e zero); 2) com variável dependente binária, opondo-se -*mos* e -*mo* (reunidos) *versus* zero; e 3) com variável dependente binária, excluindo-se zero e opondo-se apenas as marcas morfológicas -*mos* e -*mo*.

Numa pesquisa sociolinguística, a definição dos grupos de fatores está intimamente relacionada às hipóteses, que, por sua vez, são formuladas em termos de respostas provisórias às questões levantadas. Definir os grupos de fatores representa um importante passo na pesquisa e é uma tarefa que, normalmente, vai sendo refeita ao longo da análise. É comum nas pesquisas empíricas (que lidam com dados reais) irmos refinando as hipóteses, incorporando novos grupos de fatores e descartando outros, por exemplo. Esse procedimento, naturalmente, requer um bom tempo do pesquisador!

Formuladas as questões e hipóteses e com os grupos de fatores devidamente detalhados, passa-se à etapa seguinte da pesquisa, que é codificar os dados para, então, procedermos à análise estatística.

1.5 Misturando letras e números: preliminares da análise estatística

A codificação dos dados é um requisito para a análise estatística (da qual falaremos na seção seguinte). Para cada fator de cada grupo (por exemplo, 'masculino' e 'feminino' são fatores do grupo de fatores 'sexo/gênero') é atribuído um código. No interior de cada grupo de fatores, os códigos devem ser obrigatoriamente distintos um do outro; já nos diferentes grupos, pode haver repetição de código (embora o recomendável seja não os repetir). Os códigos disponíveis para esse procedimento são as letras, os números e os símbolos dos caracteres do teclado do computador, de modo que cada código deve corresponder a um único caractere.

Suponhamos que a nossa variável dependente seja a concordância verbal com P4. Podemos estabelecer, por exemplo, os códigos apresentados no quadro a seguir, de acordo com os fatores exemplificados para cada variável. Note-se que os códigos correspondem ao número e à ordem dos fatores controlados, sendo o primeiro deles referente a uma das variantes da variável dependente.

Quadro 3: Exemplo de códigos.

Variável dependente:	1 -*mos*
	2 -*mo*
	0 zero (apagamento)
Variáveis independentes (ou grupos de fatores)	
Linguísticas	Extralinguísticas

1) Posição do acento: P proparoxítona
                               p paroxítona
2) Posição do sujeito: d posposição
                               a anteposição direta
                               - distância de uma a três sílabas
                               + distância de mais de três sílabas
	1) Escolaridade: 4 até quatro anos
	                            9 ensino médio
	
	2) Comunidade: I Panambi
	                              A Porto Alegre

O próximo passo é examinar a amostra delimitada para a pesquisa e extrair cada ocorrência da variável acompanhada do contexto em que ela está inserida, o que implica, na maioria das vezes, ler e/ou ouvir amostras bem extensas. No caso aqui exemplificado, é preciso considerar o contexto em que aparecem o sujeito e o respectivo verbo, atentando para a possível distância que pode separá-los, bem como para a ordem em que eles aparecem na sentença. Feito o levantamento de todas as ocorrências, parte-se para a codificação desses dados. Imaginemos que estamos codificando os dados de um informante de Panambi com até quatro anos de escolaridade. Aplicando os códigos do Quadro 3, teremos, por exemplo:

Quadro 4: Exemplo de codificação.

Codificação	Ocorrências
0P-4I	Nós sempre *cantava* (can**tá**vamos)
1pa4I	Nós *fomos* embora
2pa4I	Pedro e eu *corremo* até cansar

Dependendo do tipo de fenômeno que está sendo investigado, podemos chegar a um número bastante elevado de dados. E, dependendo do número de variáveis independentes testadas, a quantidade de informação associada a cada dado também será grande. Daí a necessidade de lançarmos mão de recursos computacionais, com a utilização de um pacote estatístico. Nas pesquisas variacionistas, o pacote utilizado é o Varbrul.

Pacote estatístico para análise de regra variável

O Varbrul (*Variable rules analysis – "Análise de regras variáveis"*) é um pacote estatístico desenvolvido por David Sankoff e Pascale Rousseau, em 1978, usado para descrever padrões de variação entre formas alternativas de uso da língua. O pacote fornece cálculos de frequência, percentuais e pesos relativos (PR) associados a cada fator das variáveis independentes em relação à aplicação da regra, indicando a influência de cada um desses fatores sobre o uso de uma das variantes. Além disso, realiza a seleção estatística dos grupos de fatores por ordem de relevância. Os pesos relativos atribuídos indicam o efeito que cada um dos fatores tem sobre as variantes do fenômeno linguístico analisado (a variável dependente). Trata-se de uma medida probabilística usada para calcular o efeito de um fator condicionador na aplicação da regra variável, ou seja, o peso que um fator tem ao condicionar a ocorrência da variante que estipulamos como "aplicação da regra". Como o nome sugere, o peso relativo de um fator só tem significado quando *relativizado* ao peso de outros fatores com os quais coocorre. Essa medida é tão constante em tabelas de pesquisas sociolinguísticas quanto a porcentagem, e é dada em valores de 0 a 1. Quanto mais próximo de 1, maior o peso relativo do fator, isto é, maior o efeito dele sobre a variante escolhida como aplicação da regra; quanto mais próximo de 0, menor o peso relativo, ou seja, menor a força de atuação desse fator na escolha daquela variante; próximo ao valor de 0,5, temos o *ponto neutro* – pesos relativos próximos a esse valor indicam que os respectivos fatores exercem pouco efeito sobre a aplicação da regra variável.

É bastante utilizada, nas pesquisas sociolinguísticas, a versão do pacote estatístico Varbrul 2S (Pintzuk, 1988). Atualmente, esse programa se encontra disponível, livremente, com o nome de GoldVarb. Não vamos, todavia, nos deter nos meandros da sua operacionalização, pois isso foge aos objetivos deste livro. Para os principiantes na pesquisa sociolinguística, qualquer pacote estatístico que calcule percentuais pode ser utilizado.

As versões GoldVarb Lion para Mac e GoldVarb X para Windows estão disponíveis em <http://individual.utoronto.ca/tagliamonte/goldvarb.htm>.

2. O RESULTADO: RETRATO DE UM FENÔMENO EM VARIAÇÃO

Para mostrar, em termos gerais, o estudo de um fenômeno variável, optamos por descrever etapas de um trabalho de variação morfossintática sobre a concordância verbal de P6, realizado por Monguilhott (2001). Foram analisadas entrevistas de 24 informantes da cidade de Florianópolis (projeto Varsul), de origem açoriana, estratificados de acordo com as variáveis sociais: sexo/gênero, idade (15 a 24 anos, 25 a 45 anos e 52 a 76 anos) e escolaridade (4 anos e 11 anos de escolarização), distribuídos de acordo com o quadro a seguir.

Quadro 5: Distribuição dos informantes de acordo com as células sociais.

Escolaridade		4 anos		11 anos	
Idade	Sexo/Gênero	M	F	M	F
15 a 24 anos		2	2	2	2
25 a 45 anos		2	2	2	2
52 a 76 anos		2	2	2	2
Total		6	6	6	6

Após a coleta de todas as ocorrências com ou sem marcação verbal de concordância, para que fosse possível verificar a influência dos fatores linguísticos e sociais sobre o fenômeno em estudo, os dados foram codificados e analisados estatisticamente com o auxílio do Programa Varbrul. A concordância verbal de P6 foi estabelecida como variável dependente, com duas variantes: *marcação explícita de plural nos verbos* e a *não marcação de plural nos verbos*, como ilustram os exemplos:

- Mas *o meus irmão*, não, nem **tava** aí.
- **Mora** *dois* no Rio
- *Eles* **moru** lá, tudo em Criciúma

Do total de 1.583 dados obtidos, 1.251 apresentaram marcas explícitas de concordância nos verbos, correspondendo a 79% da amostra, e 332 dados, 21% do total, apresentaram a variante zero de plural nos verbos.

Para responder à questão: *Quais os grupos de fatores linguísticos e extralinguísticos que condicionam a concordância verbal de P6?*, foram investigados sete grupos de fatores (ou variáveis independentes) linguísticos(as) e três sociais. Vamos apresentar a caracterização e os resultados de quatro desses grupos: saliência fônica; posição do sujeito em relação ao verbo; sexo/gênero e escolaridade. Esses fatores foram selecionados – dentre outros grupos de fatores – como relevantes pelo pacote estatístico Varbrul, ou seja, que se mostraram condicionadores da marcação da concordância verbal, como relataremos a seguir.

Note-se que, no capítulo anterior, já comentamos resultados para dois desses grupos de fatores ("posição do sujeito em relação ao verbo" e "escolaridade") concernentes ao mesmo objeto de estudo. Como naquele caso se trata de outra pesquisa realizada com uma amostra diferente, embora da mesma localidade, é interessante comparar os resultados. Outro aspecto a ser observado é que as tabelas a seguir mostram, além de resultados percentuais, também resultados em pesos relativos (PR).

Com o propósito de averiguar se a concordância verbal era (ou não) motivada pela "saliência fônica", a pesquisa tomou como ponto de partida os níveis de saliência propostos por Anthony Naro (1981), conforme descrito no quadro em destaque.

Níveis de saliência fônica

Nível 1 – oposição não acentuada:

a. não envolve mudança na qualidade da vogal na forma plural (conhece/conhecem, consegue/conseguem, corre/correm, vive/vivem, sabe/sabem);
ex.: Todas elas já **sabe** a tarefa
Eles só **sabem** viver assim juntos, né?

b. envolve mudança na qualidade da vogal na forma plural (ganha/ganham, era/eram, gosta/gostam);
ex.: **Os baile era** rodeado de janela
Eu acho que **eles eram** improvisados

c. envolve acréscimo de segmentos na forma plural (diz/dizem, quer/querem);
ex.: **Eles diz** que é criada a ração, né?
Eles dizem que foi dele

Nível 2 – oposição acentuada:

a. envolve apenas mudança na qualidade da vogal na forma plural (tá/tão, vai/vão);
ex.: Quando **vai alguns parente**, essas coisa
Fico enrolada na toalha quando **eles vão** na praia

b. envolve acréscimo de segmentos sem mudanças vocálicas na forma plural
(bateu/bateram, viu/viram, incluindo o par foi/foram, que perde a semivogal);
ex.: **Foi duas turma**
Forum eles que me ajudarum a me soltá mais

c. envolve acréscimos de segmentos e mudanças diversas na forma plural: mudanças vocálicas na desinência, mudanças na raiz, e até mudanças completas (veio/vieram, é/são, disse/disseram).
ex.: Mais tarde então **veio os hospitais**
As rendeiras **vieru** dali, né?

A hipótese do trabalho era de que as formas fonicamente mais salientes tendessem a ser mais marcadas do que as menos salientes, ou seja, as oposições mais salientes entre singular/plural, por serem mais perceptíveis, deveriam aumentar a probabilidade de ocorrência da variante explícita de plural. Os resultados corroboram essa hipótese, como podemos conferir na Tabela 5.

Tabela 5: Frequência e probabilidade de marcação verbal de concordância de P6, segundo o grupo de fatores "saliência fônica" (Monguilhott, 2001: 42).

NÍVEL 1: OPOSIÇÃO NÃO ACENTUADA	APL/TOTAL = %	PR
a. não envolve mudança na qualidade da vogal na forma plural;	25/101 = 25%	0,02
b. envolve mudança na qualidade da vogal na forma plural;	638/802 = 80%	0,46
c. envolve acréscimo de segmentos na forma plural.	68/103 = 66%	0,13
NÍVEL 2: OPOSIÇÃO ACENTUADA	APL/TOTAL = %	PR
a. envolve apenas mudança na qualidade da vogal na forma plural;	125/130 =96%	0,88

b. envolve acréscimo de segmentos sem mudanças vocálicas na forma plural;	85/102 = 83%	0,65
c. envolve acréscimos de segmentos e mudanças diversas na forma plural.	310/345 = 90%	0,75
Total	**1.251/1.583 = 79%**	

Como se pode verificar, os fatores pertencentes ao nível 2 de saliência, oposição acentuada, tenderam a uma maior aplicação da regra de concordância verbal. Com relação ao nível 1 de saliência, oposição não acentuada, percebemos uma tendência contrária, isto é, uma tendência em direção a não marcação verbal de concordância, em especial nos verbos que fazem parte do item **a**, em que não há mudança na qualidade da vogal na forma plural, como em 'conhece/conhecem', com apenas 25% de marca concordância e 0,02 de peso relativo.

Quanto ao grupo de fatores "posição do sujeito em relação ao verbo", foram considerados dois fatores, conforme ilustram os exemplos a seguir.

- Ordem sujeito-verbo: *Eles* **fizeru** churrasco
- Ordem verbo-sujeito: **Seriam** *três cidade* que eu gostaria de voltar

A hipótese era de que o sujeito, quando posposto ao verbo, apresentaria forte tendência à variante zero de plural nos verbos e, quando anteposto, uma tendência à marcação verbal da concordância. Os resultados na Tabela 6 atestam essa hipótese.

Tabela 6: Frequência e probabilidade de marcação verbal concordância de P6, segundo o grupo de fatores "posição do sujeito em relação ao verbo" (Monguilhott, 2001: 46).

POSIÇÃO DO SUJEITO EM RELAÇÃO AO VERBO	APLICAÇÃO/TOTAL = %	PESO RELATIVO
Sujeito anteposto	1.119/1.328 = 84%	0,58
Sujeito posposto	132/255 = 52%	0,17
TOTAL	**1.251/1.583 = 79%**	

Podemos observar, na Tabela 6, que a probabilidade de aplicação da regra de concordância é maior quando o sujeito está anteposto ao verbo: 84% (0,58 de peso relativo) dos sujeitos antepostos aparecem com marcação explícita de concordância, enquanto apenas 52% (0,17 de peso relativo) dos sujeitos pospostos vêm acompanhados de verbos com marcação de plural. Isso significa dizer que, além da saliência, a concordância verbal é motivada também pela posição do sujeito em relação ao verbo. Como já apontamos anteriormente, alguns trabalhos mostram que essa tendência se deve ao fato de o sujeito posposto ao verbo ser encarado como objeto pelo falante, que então não aplica a regra de concordância – interpretação perfeitamente justificável, pois o sujeito, quando posposto, acaba ocupando a posição *canônica* do objeto na sentença.

Vejamos agora dois grupos de fatores sociais, sexo/gênero e escolaridade. Começamos com o grupo sexo/gênero dos informantes. A expectativa era de encontrar mais marcação de concordância por parte das mulheres, por elas se mostrarem mais receptivas à atuação normatizadora da escola, como a maioria dos estudos sociolinguísticos sobre o português do Brasil apontam, uma vez que a marcação da concordância é uma forma de prestígio. Os resultados estatísticos, expostos na Tabela 7, ratificam essa hipótese, o que parece indicar que as mulheres estão de fato mais atentas às regras estabelecidas, sejam elas sociais ou linguísticas.

Tabela 7: Frequência e probabilidade de marcação verbal de concordância de P6, segundo o grupo de fatores sexo/gênero (Monguilhott, 2001: 62)

SEXO/GÊNERO	APLICAÇÃO/TOTAL = %	PESO RELATIVO
Feminino	736/905 = 81%	0,53
Masculino	515/678 = 76%	0,45
TOTAL	**1.251/1.583 = 79%**	

Em relação à "escolaridade", a hipótese verificada era a de que quanto maior o nível de escolaridade, maior a probabilidade de o falante utilizar a regra de concordância verbal, pois a escola é um dos ambientes que privilegiam a variedade linguística utilizada na escrita. Estudos variacionistas envolvendo a variável "anos de escolarização" apontam que existe uma correlação entre formas linguísticas consideradas padrão (ensinadas na escola e reforçadas em outros ambientes, como TV, jornais etc.) e maior escolaridade. Dois níveis de escolarização foram controlados, correspondendo a 4 e a 11 anos de escolarização. Os resultados estatísticos atestam a hipótese: os falantes mais escolarizados aplicam mais a regra de concordância verbal (81% e 0,57 de peso relativo) que os menos escolarizados (78% e 0,44 de peso relativo), como vemos na Tabela 8.

Tabela 8: Frequência e probabilidade de concordância verbal de P6, segundo o grupo de fatores 'escolaridade' (Monguilhott, 2001: 59).

ESCOLARIZAÇÃO	APLICAÇÃO/TOTAL = %	PESO RELATIVO
11 anos	591/733 = 81%	0,57
4 anos	660/850 = 78%	0,44
TOTAL	**1.251/1.583 = 79%**	

Sumarizando, os resultados estatísticos dos grupos de fatores apresentados nesta seção evidenciam que há uma tendência à marcação da concordância verbal quando:

a. o verbo for mais saliente, isto é, quando apresentar uma oposição fônica entre singular/plural (P3/P6) mais acentuada;
b. o sujeito estiver anteposto ao verbo;
c. a sentença for produzida por mulheres;
d. a sentença for produzida por pessoas mais escolarizadas.

Esses resultados evidenciam que a variação na marcação verbal de concordância de P6 é condicionada por fatores linguísticos e sociais, e não se trata, portanto, de uma simples escolha aleatória do falante.

A exposição desse estudo serviu, principalmente, para mostrar que apenas os resultados expostos em tabelas não são suficientes para a análise de um fenômeno em variação. É necessário, na medida do possível, relacionar os resultados a outros já encontrados e entender o que a leitura de estudos anteriores sobre o mesmo objeto e o que o contexto social onde ocorre o fenômeno têm a nos dizer.

Fechando este capítulo, o quadro a seguir sintetiza os passos de uma pesquisa sociolinguística.

Passos de uma pesquisa sociolinguística

- Escolha de uma comunidade de fala;
- Escolha de um objeto (variável sociolinguística);
- Definição do envelope de variação;
- Revisão da literatura (levantamento do que já foi dito sobre esse objeto);
- Formulação de questões e hipóteses;
- Definição dos grupos de fatores (linguísticos e sociais);

- Coleta de dados (de um banco pronto ou formação de novas amostras);
- Codificação das ocorrências de acordo com os grupos de fatores;
- Análise quantitativa dos dados (pacote Varbrul/Goldvarb);
- Descrição e análise dos resultados.

Leituras complementares:

- O livro *A pesquisa sociolinguística*, de Fernando Tarallo (1985), além de discutir tópicos gerais da Teoria da Variação e Mudança Linguística, apresenta passos metodológicos para a realização de pesquisa sociolinguística.
- Os capítulos "Modelos quantitativos e tratamento estatístico", de Anthony Naro, e "Análise quantitativa e tópicos de interpretação do Varbrul", de Marta Scherre e Anthony Naro, na coletânea *Introdução à Sociolinguística: o tratamento da variação* (2008), tratam de análise quantitativa. O primeiro deles aborda o papel dos programas estatísticos na análise sociolinguística; o segundo explora a terminologia utilizada e as etapas de uma "rodada estatística", trazendo ilustrações com dados de pesquisas já realizadas.
- Na obra *Sociolinguística quantitativa: instrumental de análise* (2007), Gregory Guy e Ana Zilles trazem ferramentas para exploração aprofundada dos recursos do programa estatístico Varbrul, utilizado em análises quantitativas na área, e uma leitura completa dos resultados por ele emitidos.
- O capítulo "A variação linguística", de Ronald Beline, no livro *Introdução à linguística: I. Objetos teóricos* (2002), detalha passos de um estudo variaconista, além de discorrer sobre noções básicas da área.

Exercícios

1. Coleta de uma amostra de fala e escrita
   a. Localize dois informantes com as seguintes características sociais:
      - idade entre 13 e 16 anos;
      - nível de escolaridade: ensino fundamental completo ou cursando o último ano;
      - um do sexo masculino e outro, feminino.

b. Grave uma **narrativa de experiência pessoal**.
Você pode dar um comando do seguinte tipo para o informante: *Conte um fato que tenha acontecido com você e que tenha mexido muito com você. Por exemplo: algum acontecimento que lhe tenha causado muita alegria, ou um grande susto, ou muita tristeza... ou algo bem engraçado...*
Obs.: A gravação deve ter cerca de 5 minutos.

c. Solicite que o informante conte **por escrito** o mesmo fato que ele relatou.

d. Transcreva as gravações. Procure ser fiel à fala dos informantes. (Ex.: *aí ele foi lá e falô: tá fazeno friu, que tal a gen'tomá uns quentão?*)

2. Elaboração e execução de um projeto de pesquisa
   a. Defina um fenômeno variável como objeto de análise.
   b. Apresente exemplos do objeto escolhido, extraídos da amostra de narrativas levantada.
   c. Formule:
   - objetivo(s) da pesquisa;
   - uma ou mais questões com a(s) hipótese(s) correspondente(s);
   - grupos de fatores (linguísticos e sociais) a serem controlados.

VARIAÇÃO LINGUÍSTICA E ENSINO DE LÍNGUA

Objetivos gerais do capítulo

- Em que pode a Sociolinguística contribuir para o ensino de língua? – questão norteadora deste capítulo;
- Parâmetros Curriculares Nacionais (PCN) – ênfase nas questões concernentes à variação linguística;
- Noções de *norma padrão* e *norma culta* – incoerências e preconceitos envolvidos;
- Contribuições da Sociolinguística para o ensino de língua portuguesa: do campo conceitual à prática do professor em sala de aula.

1. A PROPOSTA DOS PCN PARA O ENSINO DE LÍNGUA PORTUGUESA

Fechamos este livro com algumas reflexões sobre variação/mudança linguística e ensino de língua. Como se trata do último capítulo, terá também um caráter de retrospectiva, pois retomaremos alguns aspectos relacionados à Sociolinguística já estudados ao longo dos capítulos precedentes. Percorremos caminhos históricos, passamos por pressupostos teóricos, por questões conceituais e metodológicas. Agora, tendo em vista a prática escolar, propomos que pensemos, juntos, em algumas contribuições que a Sociolinguística poderia fornecer ao ensino de língua.

Não podemos falar em ensino sem primeiro fazermos referência aos Parâmetros Curriculares Nacionais (PCN). Trata-se de um conjunto de documentos que tem como objetivo subsidiar a elaboração do currículo do ensino fundamental e do ensino médio no Brasil, visando a formação da cidadania do aluno. Por isso, esta primeira seção é dedicada a um breve exame do que é proposto nesse documento oficial, com ênfase nas questões concernentes à variação linguística. Na sequência, reunimos algumas reflexões sobre incoerências e preconceitos envolvidos nos usos das noções de *norma padrão* e *norma culta*. E, por último, trazemos algumas contribuições da Sociolinguística para o ensino de língua portuguesa, retomando, de forma resumida, os aspectos mais importantes discutidos ao longo deste livro que tenham implicações pedagógicas.

Para contextualizar o que vamos dizer sobre variação linguística e ensino, reportemo-nos inicialmente aos PCN de língua portuguesa:

> A língua portuguesa, no Brasil, possui muitas variedades dialetais. Identificam-se geográfica e socialmente as pessoas pela forma como falam. Mas há muitos preconceitos decorrentes do valor social relativo que é atribuído aos diferentes modos de falar: é muito comum se considerarem as variedades linguísticas de menor prestígio como inferiores ou erradas. (Brasil, 1997: 26)

A citação abre a discussão desta seção em duas direções: 1) existem diferentes variedades linguísticas no Brasil; 2) existe preconceito com relação a algumas dessas variedades. Sabemos que as pessoas são identificadas geográfica e socialmente pela forma como falam. Mas há muitos preconceitos advindos do valor social atribuído às formas variantes da língua, especialmente àquelas usadas por falantes que não gozam de prestígio social na comunidade em que vivem.

Os documentos alertam para o fato de que o problema do preconceito observado no Brasil em relação às falas dialetais deve ser enfrentado, na escola, como parte do objetivo mais amplo de educação para o respeito à diferença. As reações de preconceito se manifestam, quase sempre, em comentários do tipo "fulano fala errado", "fulano não sabe falar direito", "a fala de fulano é feia", "fulano é burro" etc. A fala (ou a escrita) é julgada em função do *status* social dos indivíduos que a utilizam. Parece que existe uma relação quase automática entre falar diferente e ter algum tipo de incapacidade cognitiva. Sabemos que o valor social das formas linguísticas não é intrínseco a elas, mas é resultado da avaliação social atribuída a seus usuários, do mesmo modo como percebemos valorações sociais sobre a cor da pele, o tipo de corpo, a cor dos olhos, os tipos de vestimenta, o credo religioso etc.

Já vimos ao longo do livro que um mesmo falante pode (e deve) usar diferentes formas linguísticas, dependendo da situação em que se encontra. O que está em jogo aí são os diferentes papéis sociais que as pessoas desempenham nas interações que se estabelecem em diferentes "domínios sociais": na escola, na igreja, no trabalho, em casa, com os amigos etc. Como diz Stella Maris Bortoni-Ricardo, no livro *Educação em língua materna: a Sociolinguística na sala de aula*, os papéis sociais que desempenhamos vão se alterando em conformidade com as situações comunicativas (entre professor e aluno, patrão e empregado, pais e filhos, irmãos etc.). Esses papéis sociais são "um conjunto de obrigações e de direitos definidos por normas socioculturais [...] e são construídos no próprio processo da interação humana" (2004: 23).

Ainda segundo os PCN, o ensino de língua portuguesa na escola deve oferecer condições para que o aluno desenvolva seus conhecimentos, sabendo:

> 1. ler e escrever conforme seus propósitos e demandas sociais;
> 2. expressar-se adequadamente em situações de interação oral diferentes daquelas próprias de seu universo imediato;
> 3. refletir sobre os fenômenos da linguagem, particularmente os que tocam a questão da variedade linguística, combatendo a estigmatização, discriminação e preconceitos relativos ao uso da língua. (Brasil, 1998: 59)

Como podemos observar, os dois primeiros objetivos dizem respeito à competência sociocomunicativa dos alunos, entendida como a habilidade de detectar o que é adequado ou inadequado na língua em cada uma das práticas sociais em que estamos inseridos; o termo "sociocomunicativa" reforça o caráter sociolinguístico dessas habilidades. Os dois objetivos reportam-se também ao uso das modalidades oral e escrita da língua, com práticas de escuta, de leitura e de produção de textos – o que implica ter conhecimentos sobre a estrutura e o funcionamento da língua em seus diferentes níveis – e ao uso adequado das diferentes variedades linguísticas às múltiplas situações na sociedade. O último objetivo remete à reflexão sobre os fenômenos linguísticos em variação e sobre a questão do respeito às diferenças. Qualquer língua comporta diferentes variedades, que devem ser entendidas linguisticamente e respeitadas, sejam elas usadas por um indivíduo escolarizado ou por um indivíduo analfabeto, sejam elas de variedades cultas ou de variedades vernaculares.

Para respeitar, entretanto, o aluno precisa conhecer minimamente o quadro de variação linguística existente em nosso país e, a partir de reflexões sobre as regras variáveis da língua e os valores sociais atribuídos a diferentes variantes, observar os aspectos que diferenciam as variedades e os efeitos sociais que redundam em atitudes de exclusão com base na variedade linguística que se fala. Só a partir de uma comparação entre os diferentes usos e as diferentes variedades linguísticas é que, como apontam também os PCN, a norma culta, variedade de maior prestígio social, deve ser ensinada na escola.

> *Concepções dos PCN sobre as práticas com a linguagem*
> - As situações reais de interação são condição para que se dê o ensino da língua, já que a língua funciona para as pessoas interagirem socialmente;
> - A língua é heterogênea, historicamente situada, estando sujeita a variações e mudanças;
> - O trabalho pedagógico deve contemplar, de maneira articulada, usos linguísticos (ouvir-falar, ler-escrever) e reflexão sobre a língua;
> - O uso da língua deve ser adequado aos propósitos comunicativos e demandas sociais;
> - Deve-se combater o preconceito linguístico;
> - A norma culta deve ter lugar garantido na escola, mas não deve ser a única (norma) privilegiada no processo de conhecimento linguístico proporcionado ao aluno.

2. A TRADIÇÃO GRAMATICAL ESCOLAR *VERSUS* A (SOCIO)LINGUÍSTICA

Para a escola e a tradição escolar, é essencial a percepção de que as línguas mudam com o tempo. A partir da constatação de que a mudança integra a linguagem humana, reflexões sobre a língua falada vernacular ou falada em casa e a língua do poder ou da escola são necessárias. Os tópicos organizados nesta seção tratam de questões relativas às diferentes normas linguísticas, de problemas que estão presentes na cultura nacional derivados do conservadorismo exagerado em relação à língua portuguesa e de questões concernentes à noção de "erro".

2.1 Algumas questões sobre norma

Falamos até agora que a escola deve garantir o domínio da norma culta ao aluno. A que norma culta estamos nos referindo? A que é associada ao padrão lusitano desde o século XIX? Ou a que corresponde ao que os brasileiros escolarizados de fato produzem?

Para falarmos de norma linguística não poderíamos deixar de citar a obra *Norma culta brasileira*, de Carlos Alberto Faraco (2008), escrita a partir de reflexões que o autor vinha fazendo há pelo menos uma década. Faraco destaca a necessidade de se considerar que uma língua é formada por várias **normas**, uma vez que "norma designa o conjunto de fatos linguísticos que caracterizam o modo como normalmente falam as pessoas de uma certa comunidade" (p. 40). Numa sociedade há inúmeras normas linguísticas, que caracterizam as diferentes comunidades: as normas de comunidades urbanas, as de comunidades rurais, as normas vernaculares, as dos grupos de letrados, aquelas que caracterizam os grupos jovens, as que identificam as populações de periferias urbanas, as normas de adolescentes urbanos etc. Como os falantes podem pertencer a várias dessas comunidades simultaneamente, é possível dizer que um mesmo falante domina mais de uma norma.

Segundo o autor, "uma norma, qualquer que seja, não pode ser compreendida apenas como um conjunto de formas linguísticas; ela é também (e principalmente) um agregado de valores socioculturais articulados com aquelas formas" (p. 41). Há uma tendência dos falantes a se acomodarem às normas linguísticas e aos valores socioculturais de seu grupo social, mas o desejo de se identificarem com outros grupos (por exemplo, com o grupo dos letrados) vai levá-los a buscar o domínio de outras normas. Essas considerações de Faraco nos remetem às práticas linguísticas dos jovens de Martha's Vineyard que não centralizavam os ditongos /ay/ e /aw/; eles não queriam se identificar como moradores da ilha. Vale lembrar, porém, que (i) não é possível estabelecer uma separação nítida entre as diferentes normas (elas são sempre hibridizadas); (ii) o contato entre as normas favorece o desencadeamento de mudanças linguísticas.

Para entendermos melhor a correlação entre as diferentes normas linguísticas e a gama de variedades que constitui a língua portuguesa no Brasil, destacamos três concepções de norma, tratadas por Faraco, que dizem respeito ao conjunto de fatores linguísticos atrelados aos grupos de letrados: **norma padrão**, **norma curta** e **norma culta**. No primeiro e no segundo casos, "norma" se correlaciona com "normatividade" – é norma o que é normativo – e, no terceiro caso, com "normalidade" – é norma o que é normal.

Para Faraco (2008), **norma padrão** é "uma codificação relativamente abstrata, uma baliza extraída do uso real para servir de referência, em sociedades marcadas por acentuada dialetação, a projetos políticos de uniformização linguística" (p. 73). É um complexo entrecruzamento de elementos léxico-semânticos e ideológicos. No Brasil oitocentista o padrão foi construído de forma muito artificial. A elite brasileira letrada não tomou a variedade urbana culta como modelo a ser seguido, mas um certo modelo lusitano de escrita. Nas palavras do autor, o "excessivo artificialismo do padrão lusitano no século XIX impediu que ele se estabelecesse entre nós. [...] e continua a nos assombrar até hoje pelos pseudopuristas" (p. 80). Esse padrão, de fato, não conseguiu orientar o modo como falamos ou escrevemos a língua portuguesa no Brasil simplesmente porque nossa língua – há mais de um século – é outra.

A **norma curta**, por sua vez, é, para Faraco, a que tem predominado no sistema escolar, na mídia, nos manuais de revisão e nos cursinhos pré-vestibulares. Trata-se de uma norma estreita, com preceitos dogmáticos inflexíveis, categóricos, advindos da norma padrão purista, que se alastram desde o século XIX, sob os rótulos de "certo" e "errado". Os preceitos dessa norma curta que, segundo o autor, são difundidos em nome de uma norma padrão artificialmente fixada, circulam entre nós desqualificando a língua usada no Brasil e os seus falantes. São regras que pouco (ou nada) refletem do português brasileiro empregado por nossos escritores e jornalistas contemporâneos, tomadas como justificativa para humilhar e constranger as pessoas que não as dominam.

Finalmente, **norma culta,** segundo Faraco, "designa o conjunto de fenômenos linguísticos [variáveis] que ocorrem habitualmente no uso dos falantes letrados em situações mais monitoradas de fala e escrita" (p. 71). Em geral, esse vínculo entre letramento e uso monitorado da língua leva a sociedade a atribuir valor social positivo a esse conjunto de variedades. O prestígio social atribuído a essa norma, de acordo com o autor, leva o imaginário dos falantes a confundirem a norma culta com a língua. Entretanto, a língua não se constitui apenas por um conjunto de variedades de prestígio, mas é sempre heterogênea.

A norma culta não é formada, portanto, por um conjunto de preceitos dogmáticos tais quais os das normas anteriores, mas por **variedades** que já aparecem descritas nas boas gramáticas modernas e nos bons dicionários. O autor nos lembra que tais obras, além de apresentarem a tradição, não se descuidam da inovação. No dicionário de regência de Celso Luft, por exemplo, aparece a informação de que o verbo 'assistir' no sentido de "estar presente, presenciar" era transitivo indireto, mas se tornou transitivo direto no Brasil. A regência inovadora é atualmente corrente na escrita literária brasileira, mas isso, obviamente, não impede que algumas pessoas prefiram usar, ainda, a regência conservadora.

Como vimos, é papel da escola oferecer condições para que o aluno desenvolva plenamente suas competências sociocomunicativas. Para tanto, deve ensinar a norma culta (e não a norma padrão e muito menos a norma curta), não no sentido de exigir que o aluno substitua uma norma (a dele, vernacular) por outra, mas no sentido de capacitá-lo a dominar outras variedades para que possa adequar seu uso linguístico a diferentes situações. É sempre importante lembrar que usar apenas uma variedade culta nas situações comunicativas que requerem diferentes estilos é tão inadequado (ou disfuncional) quanto usar apenas o vernáculo (tenha ele formas estigmatizadas ou não).

Além de mostrar aos alunos a variação que ocorre na sincronia, a escola deve ter a incumbência de mostrar as normas usadas em outras épocas para que eles possam ler textos de sincronias passadas, e ver que, muitas vezes, o que é considerado "errado" ou "feio" hoje em dia já foi a norma culta no passado. Pensemos um pouco na passagem do latim clássico para o latim vulgar: as vogais pós-tônicas /i/ e /e/, de modo geral, sofreram síncope, uma tendência a evitar proparoxítonas, como em *viride* > *verde*, *opera* > *obra*. Esse fenômeno aconteceu também na passagem do latim vulgar para o português, há mais de mil anos, e atualmente ainda é comum observarmos a mesma tendência à síncope, ilustrada no uso de 'fosfro' por 'fósforo', 'figo' por 'fígado', entre outros exemplos. Da mesma forma, diversos outros fenômenos de mudança inexoravelmente aconteceram e acontecem em todas as línguas do mundo, apesar das pressões normativas da sociedade. Quando se trata de norma linguística, "certo" e "errado" são construtos históricos e, portanto, fortemente carregados de pressões políticas e ideológicas.

Do ponto de vista linguístico qualquer uma das variantes ilustradas pode ser escolhida como a "melhor" e a mais "correta" e percebemos isso quando observamos que as mudanças linguísticas estão associadas na diacronia aos diferentes movimentos socioculturais. Formas podem surgir ou desaparecer, perder ou ganhar prestígio, mas isso não significa que a língua fique pior ou melhor – ela apenas muda.

Acreditamos que uma reflexão sobre a heterogeneidade da modalidade falada torna-se crucial especialmente quando os alunos começam a conviver com a modalidade escrita. Os pontos de contraste entre as variedades coexistentes devem ser apontados, descritos e discutidos pela escola, para que o aluno tenha conhecimento dos fenômenos variáveis, das regras linguísticas que regem a variação e dos preconceitos relativos ao uso da língua.

2.2 Polêmicas em torno da língua portuguesa

Os debates em torno do que é certo ou errado na língua não são de modo algum uma novidade. Nesta seção, traremos à tona alguns episódios que, desde o século XIX, marcaram o discurso sobre a língua portuguesa no e do Brasil. Para Emílio Pagotto (2013: 31), o Brasil oitocentista é palco de uma contradição linguística:

> de um lado é apontado como o período em que o português do Brasil chega a um ponto de inflexão, na direção de suas características atuais; de outro lado, é reconhecido como o período em que se fixa a moderna norma padrão recomendada pelos manuais de gramática atuais.

Essa norma padrão foi fixada durante o século XIX por meio do exercício do discurso polêmico e vem, até os dias de hoje, como modelo idealizado de linguagem. O autor diz que, com a vinda da família real, "um movimento de constituição da nacionalidade procurou construir uma elite intelectual e política que se distanciasse da maioria da população" (p. 32). Essa elite brasileira que fundou o Império impôs uma norma padrão muito distante da gramática usada pela maioria da população brasileira, o que permitiu construir a suposta unidade da língua escrita entre Brasil e Portugal.

Alguns linguistas afirmam que, por trás do modelo imposto por essa elite letrada, estava o desejo de forjar um país branco e europeu, e tudo o que se distinguia desse modelo era criticado. Assim, ao mesmo tempo em que se pregava a constituição de uma identidade nacional, fixava-se como norma padrão em território brasileiro a escrita praticada por alguns escritores portugueses do Romantismo. Esse processo de fixação e de imposição de um padrão pode ser observado também através das vozes de alguns intelectuais portugueses que acusavam os brasileiros de escrever "errado".

José de Alencar, por exemplo, foi acusado de escrever numa língua incorreta ao publicar o livro *Iracema*, em 1865. Ao mesmo tempo em que o escritor era reconhecido por exaltar a identidade do povo brasileiro através do uso de palavras relacionadas à fauna, à flora e à cultura locais, era criticado por brasileiros como Antônio Henriques Leal e portugueses como Manuel Pinheiro Chagas por "denegrir" a língua portuguesa com neologismos, galicismos e formas linguísticas que estavam em desacordo com as regras da gramática lusitana. Segundo Pagotto (1998), um dos pontos criticados pelos puristas era o fato de Alencar usar com certa liberdade a posição dos pronomes átonos (ou clíticos) em relação ao verbo, colocando-os, como afirmava sem reserva, "onde mandassem os seus ouvidos".

Vejamos alguns argumentos de Valdeci Rezende Borges (2010) sobre o embate entre Chagas e Alencar, apresentados no artigo "Manuel Pinheiro Chagas, leitor crítico de José de Alencar: a censura e a resposta", para que possamos entender melhor o teor das discussões em torno desse tema.

A polêmica entre Manuel Pinheiro Chagas e José de Alencar

Borges diz que "Alencar recebeu elogios e honrarias pela escrita do livro [*Iracema*], mas também foi censurado pela falta de correção no emprego da língua portuguesa". O autor traz algumas das críticas do filólogo português Manuel Pinheiro Chagas à linguagem de José de Alencar e a resposta dada pelo romancista ao filólogo.

> Não; esse não é o defeito que me parece dever notar-se na *Iracema*; o defeito que eu vejo nessa lenda, o defeito que vejo em todos os livros brasileiros, e contra o qual não cessarei de bradar intrepidamente, é *a falta de correção na linguagem*

> *portuguesa*, ou antes a mania de tornar o brasileiro uma língua diferente do velho português, por meio de neologismos arrojados e injustificáveis, e de *insubordinações gramaticais* (Chagas, 1867: 221, apud Borges, 2010 – grifos nossos).

Segundo Borges, José de Alencar, em 1870, no "Pós-escrito" à segunda edição de *Iracema*, responde às críticas que vinha recebendo de Chagas. O romancista explica que, para além da paisagem e das personagens, o romance deveria ser brasileiro também na língua. Advoga pelo "direito de criar uma individualidade nossa, uma individualidade jovem e robusta, muito distinta da velha e gloriosa individualidade portuguesa". Acrescenta Borges:

> Frente às questões apontadas Alencar expôs suas opiniões em matéria de gramática, ao discutir alguns princípios, regras e exceções presentes na ortografia da língua portuguesa, mencionando suas ambiguidades e as discordâncias que se nutriam em relação a esses.

Outra polêmica em torno da língua portuguesa no Brasil se deu no início do século XX, com a sanção do Código Civil Brasileiro, em 1916. O Código recebeu um parecer longo e detalhado do relator da Comissão Especial do Senado, Rui Barbosa. O relator apresentou à comissão que presidia rigorosas críticas à linguagem do projeto, oferecendo emendas a quase todos os seus mais de 1.800 artigos. A polêmica girou em torno da concepção de língua pura e da imagem que se tem da relação dos brasileiros com a língua por mais de uma década, indicando mais uma vez a força social do discurso conservador.

Quase na mesma época, de 1922 a 1930, modernistas como Mário de Andrade e Oswald de Andrade revelam-se contrários ao purismo linguístico, propondo que se escrevesse em *língua brasileira*. Oswald de Andrade reclama no "Manifesto Pau-Brasil", de 1922, o direito a "uma língua sem arcaísmos, sem erudição, natural e neológica", como ilustram os versos:

> Dê-me um cigarro, diz a gramática
> do professor e do aluno
> e do mulato sabido
> mas o bom negro e o bom branco

da nação brasileira
dizem todos os dias
deixa disso, camarada
me dá um cigarro.

A norma padrão do século XIX ainda está presente em boa parte de nossas gramáticas escolares atuais, como se ela fosse a norma clássica da língua, já dada, já construída. Esse posicionamento também pode ser encontrado em colunas de jornais e em programas específicos sobre a língua.

A ideia de que os brasileiros falam mal ou não sabem português está presente nas atitudes daqueles que condenam o uso de qualquer fenômeno que seja diferente do que é postulado como correto pelos compêndios gramaticais mais conservadores. Em 2011, o livro didático *Por uma vida melhor*, de Heloísa Ramos, em coautoria, destinado à Educação de Jovens e Adultos (EJA), foi alvo de discussões devido ao tratamento que dá à variação linguística. O livro traz, no capítulo "Escrever é diferente de falar", uma pequena passagem sobre as diferenças entre a norma culta escrita e as variantes que o aluno adquiriu em sua fala até chegar à escola, com exemplos do português coloquial, como em "Nós pega o peixe" e "Os menino pega o peixe". Sem o cuidado de analisarem o capítulo mais atentamente, muitos criticaram o livro dizendo que ele ensinaria as crianças a ler e a escrever errado. Novamente, houve a manifestação de movimentos antagônicos e debates acirrados foram travados. Vejamos, a seguir, um pouco mais sobre esses debates.

A polêmica do livro didático

Ao apresentar as diferenças entre as variedades da língua portuguesa, o livro didático *Por uma vida melhor* propõe que a escola substitua a concepção de "certo" e "errado" por "adequado" e "inadequado". Contra ele, muitas vozes de diferentes estratos da sociedade brasileira se ergueram, algumas carregadas de preconceito, sem nenhum fundamento científico, por pleno desconhecimento do que estava escrito. Vejamos uma crítica extraída de um texto intitulado "O assassinato da língua portuguesa", publicado em uma revista brasileira de ampla circulação:

> Livro distribuído pelo MEC que tolera erros gramaticais como "os livro" e "nós pega" causa estragos no aprendizado

de meio milhão de brasileiros e atrapalha o desenvolvimento do País. [...]. Não é difícil calcular os efeitos nefastos no futuro dos 485 mil estudantes do ensino fundamental que devem receber a obra distribuída pelo Ministério da Educação por meio do Programa Nacional do Livro Didático. (Amauri Segalla e Bruna Cavalcanti, disponível em <http://www.istoe.com.br/reportagens/138200_O+ASSASSINATO+DA+LINGUA+PORTUGUESA>, acesso em: 19 nov. 2012).

O alarde feito sobre uma pequena passagem do livro didático é um tanto assustador: será que os leitores que tanto criticaram o capítulo "Escrever é diferente de falar" não conseguiram perceber que o livro apenas ilustra as variedades, focando as diferenças entre as modalidades oral e escrita?

Vejamos agora um depoimento sobre o livro, de quem entende a proposta ali veiculada.

O tom geral é de escândalo. A polêmica, no entanto, não tem qualquer fundamento. Quem a iniciou e quem a está sustentando pelo lado do escândalo, leu o que não está escrito, está atirando a esmo, atingindo alvos errados e revelando sua espantosa ignorância sobre a história e a realidade social e linguística do Brasil. [...] é indispensável informar os alunos sobre o quadro da variação linguística existente no nosso país e, a partir da comparação das variedades, mostrar-lhes os pontos críticos que as diferenciam e chamar sua atenção para os efeitos sociais corrosivos de algumas dessas diferenças [...]. Por fim, é preciso destacar a importância de conhecer essa realidade tanto para dominar as variedades cultas, quanto para participar da luta contra o preconceito linguístico. É isso – e apenas isso – que fazem os autores do livro. (Carlos Alberto Faraco, disponível em <http://www.gazetadopovo.com.br/opiniao/conteudo.phtml?id=1127433>, acesso em: 19 nov. 2012).

Como esclarece Faraco, o livro está de acordo com os PCN de língua portuguesa (ou seja, em conformidade com a recomendação do MEC) ao trazer uma distinção entre variedade popular e variedade culta da língua. Mostra que a escola deve ensinar a norma culta, levando em consideração a bagagem cultural que o aluno traz de casa como condição para sua participação efetiva nas diferentes atividades sociais.

Fazendo coro às vozes de linguistas e estudiosos da língua, entendemos que a escola brasileira deve ser porta-voz da luta contra o preconceito linguístico, tão arraigado ainda em nossa sociedade e que redunda em atitudes de intolerância e exclusão social. A escola deve também mostrar o valor social das formas em variação e criar debates sobre a necessidade de adequação da linguagem às diferentes situações de comunicação. Julgamos ainda ser dever da escola proporcionar debates sobre a diversidade linguística em nosso território e garantir ao aluno o domínio da norma culta para que ele possa ter condições efetivas de acesso a todos os bens culturais. E a língua é apenas um deles.

Para refletir

Tomemos novamente as sentenças do livro didático que foi alvo de polêmica, 'Nós pega o peixe' e 'Os menino pega o peixe', para discussão. Na primeira, o pronome sujeito 'nós' indica a pessoa do discurso (P4) e o verbo que o acompanha apresenta morfema zero, isto é, não tem morfema de indicação de pessoa/número. Na segunda, o sintagma nominal sujeito 'Os menino' também acompanha um verbo com morfema zero ('pega'). Em outras línguas, como no inglês, o verbo não traz marcas flexionais distintivas indicadoras de pessoa/número. E alguém já criticou o inglês por isso?

No caso da segunda sentença, há ainda variação na concordância nominal de número 'Os menino'. A marca de pluralidade encontra-se apenas na primeira casa do sintagma nominal e mesmo assim todos nós entendemos que o sintagma está no plural. Já nos perguntamos por que a variação não poderia ser de qualquer jeito? Por que "erramos" todos de uma mesma maneira nas diferentes regiões do país? Por acaso, ouvimos alguém dizer 'O meninos pega o peixe'? Pensemos um pouco sobre isso!

Antes de fechar esta seção, que gira em torno de polêmicas sobre o purismo linguístico, propomos mais algumas reflexões. Muitas vezes toleramos que pessoas que nunca estudaram como a linguagem funciona expressem opiniões (em geral agressivas e pouco embasadas) sobre a variedade que se deve usar e como deve ser a linguagem. Toleramos que se diga isso da língua, mas provavelmente não toleraríamos que se dissesse que os físicos estão errados ao empregarem métodos experimentais, usados por exemplo em pesquisas de nanotecnologia, ou que os químicos estão errados por utilizarem um novo modelo atômico, ou que os sociológicos deveriam ser condenados por empregarem novas técnicas estatísticas para embasar suas pesquisas. Já nos perguntamos por que isso acontece? Será que algum dia vamos conseguir mostrar à sociedade que a língua é um objeto heterogêneo e ordenado passível de estudo científico, e não um território onde apenas valem opiniões?

2.3 Algumas questões sobre a noção de "erro"

Estudos linguísticos mostram que a criança – em todas as partes do mundo – adquire sua língua materna naturalmente, depreendendo uma gramática a partir da língua a que está exposta. Assim, quando vai para a escola aprender a modalidade escrita, já usa a modalidade oral, com todas as regras do sistema de sua língua falada, porque tem plena competência linguística, ou seja, nasce dotada de uma capacidade inata para a linguagem. Esses estudos, há muito tempo, comprovaram que os seres humanos são dotados de uma faculdade da linguagem, independentemente de região, classe social ou demais fatores.

Sabemos bem que nossos alunos, quando chegam à escola, já são capazes de falar com muita naturalidade o português, que é a língua materna da grande maioria dos brasileiros. A escola não precisa se preocupar em ensinar a criança a se comunicar usando a língua portuguesa em situações comunicativas mais rotineiras, do dia a dia, pois isso já faz parte de sua competência linguística. Todos nós começamos a dominar essas tarefas desde nossos primeiros meses de vida, como desenvolvemos a dentição ou como aprendemos a andar. Isso significa dizer que, quando o aluno vai para a escola, ele já domina as regras de sua gramática internalizada; um conhecimento extremamente sofisticado, desenvolvido independentemente dos ensinamentos escolares.

Embora as variedades que as crianças adquirem em uma mesma comunidade convirjam em grande parte, há divergências relacionadas à pronúncia, ao léxico e à gramática, sem que isso prejudique a comunicação. O papel da escola, então, não é o de ensinar a variedade vernacular ao aluno, e sim de expor a ele outras variedades da língua, a variedade dos amigos, dos pais, de pessoas de outras regiões e confrontá-las com a norma culta, falada e escrita, que deve ser usada em determinadas situações comunicativas. A variedade eleita pela escola como culta – convencionada como variedade de prestígio – deve ser ensinada ao aluno de maneira gradativa e sistemática, sem jamais desqualificar a sua fala, possibilitando a ele o bi ou o multidialetalismo. Se o aluno ouvir que "fala errado", provavelmente deve pensar que também falam errado seus pais, seus avós, seus primos, seus amigos e toda a comunidade da qual faz parte. Não precisamos ir muito longe para ver que esse tipo de tratamento da variação, para além de ser equivocado e preconceituoso, mais atrapalha do que ajuda o aluno a aprender a norma culta.

Pensemos um pouco agora sobre o aprendizado da escrita. Sabe-se que, desde os primeiros registros escritos, a criança manifesta espontaneamente "ecos" naturais de sua pronúncia e também incorpora aspectos convencionais da escrita encontrados na sociedade em que está inserida. Em outras palavras, ela recorre à oralidade para levantar hipóteses sobre a escrita e, ao usar alguma convenção da escrita, conduz também uma análise da própria fala. E, nesse caso, poderíamos nos perguntar: do ponto de vista da variação linguística, quais são as diferenças entre as modalidades oral e escrita?

Para responder a essa questão não poderíamos deixar de trazer reflexões de Bortoni-Ricardo (2006) sobre o estatuto do erro nas modalidades oral e escrita. Segundo a autora, o que a sociedade chama de "erro" na fala das pessoas a Sociolinguística considera tão somente uma questão de inadequação da forma utilizada às expectativas do ouvinte. Essas expectativas, por sua vez, decorrem das imagens que os interlocutores fazem uns dos outros, dos papéis sociais que desempenham e das normas e crenças vigentes na comunidade de fala. O erro na língua falada não é um erro de transgressão de algum sistema de regras da língua, mas uma variedade (em geral, vernacular) que coocorre e concorre com alguma outra variedade linguística (mais prestigiada ou mais culta) existente na sociedade. É, pois, um fato social. Nesse caso, o que presenciamos é a transgressão de uma etiqueta linguística, uma espécie de inadequação de uso.

A Sociolinguística assume uma postura de combate ao estigma associado a variantes de pouco prestígio social – àquilo que a sociedade chama de "erro" na linguagem falada. Por exemplo, as sentenças: (i) 'A gente é feliz' e (ii) 'A gente somos felizes' são duas maneiras possíveis de dizer alguma coisa com o mesmo significado referencial/representacional. Do ponto de vista social, espera-se que a primeira seja usada mais frequentemente nas variedades cultas da língua e a segunda, nas variedades vernaculares. Do ponto de vista linguístico, podemos explicar o uso da concordância semântica entre o pronome 'a gente', indicador de P4, e o verbo com marcação do morfema de plural [-*mos*] em (ii) como um dos processos em variação na morfossintaxe.

E com relação à escrita, qual é o estatuto do erro? Segundo Bortoni-Ricardo (2006), na língua escrita o chamado "erro" tem outra natureza porque representa a transgressão de um código convencionado e prescrito pelas regras ortográficas. Aqui também há um forte componente de avaliação social, pois erros gráficos são avaliados muito negativamente. Podemos considerá-los uma transgressão não apenas de etiqueta, mas também de regra, porque a ortografia é um código, fixado ao longo de anos, que não prevê variação – com raras exceções, cada palavra tem apenas uma grafia.

Na escrita há dois tipos de erros: os que resultam da interferência de traços da oralidade e os que se explicam porque a escrita é regida por um sistema de convenções arbitrárias. Os professores de português (alfabetizadores ou não) devem aprender a fazer a distinção entre problemas na escrita e na leitura que decorrem da interferência de regras fonológicas variáveis e outros que se explicam simplesmente pela falta de familiaridade do alfabetizando com as convenções da língua escrita, para que possam trabalhar eficazmente com essas questões em sala de aula.

Observemos uma produção textual de um aluno de 14 anos da quinta série do ensino fundamental da rede pública de Florianópolis, coletada para a dissertação de Silva-Brustolin (2009).

> No ano passado eu e meus amigos fomos jogar no moleque bom de bola **mais** chegando lá **nós** não **tinha** uniforme e a mãe do meu amigo teve que ir lá **compra calsão** para **nós jogar** porque eles falaram que iam **da** uniforme mas não **dero**, quando nós jogamos contra o time do Colegio X nós perdemos de 14 x 0 e no segundo jogo nós perdemos de 4 x 1 e tivemos que **voutar** pra Casa mais **sedo**.

Constatamos inicialmente nessa pequena produção do aluno que há vários problemas gráficos decorrentes da interferência da fala na escrita. Iniciamos comentando a supressão do /r/ final em palavras como 'compra' (por 'comprar') e 'da' (por 'dar'). De fato, no português falado no Brasil, tendemos a suprimir o /r/ final nos infinitivos verbais. Veja que em 'jogar', 'ir' e 'voutar' o <r> foi marcado. Isso se dá porque, na fala, a supressão do /r/ é uma regra variável: ora suprimimos o /r/ final, ora o realizamos. Outros problemas de interferência estão exemplificados nas palavras 'mais' e 'voutar'. No primeiro caso, nos deparamos com regras variáveis encontradas na modalidade oral relacionadas ao processo de ditongação das vogais, isto é, à passagem de um hiato ou de uma vogal a ditongo, como já foi observado na transição do latim para o português, em exemplos como: 'arena' > 'are**a**' > 'are**ia**' e 'st**o**' > 'est**ou**'. No segundo caso, observamos a vocalização /w/ da velar /l/, processo que está em variação na modalidade oral como em 'vo**u**tar'.

Observamos também a variação encontrada em 'mas não dero' no lugar de 'mas não deram'. Vê-se aí que o morfema de concordância foi, de certa forma, preservado ('der**o**/der**u**'). O que ocorreu foi um processo de desnasalização, muito comum na pronúncia de verbos de P6 no português do Brasil. Verificamos a mesma queda da nasal em nomes como 'homem' > 'home', 'viagem' > 'viage', 'malandragem' > 'malandrage'. Vale lembrar que a desnasalização também é um dos processos fonológicos já observados na mudança do latim para o português, percebido como conversão de um fonema nasal em oral, como em 'lu**na**' > 'lũa' > 'lua'. Notemos, porém, que no pequeno texto o aluno também usa a nasalização, de acordo com a ortografia da língua, como em 'eles falaram'. Todos os casos em variação apontados até agora se explicam pela pronúncia ou interferência da oralidade na escrita.

Quanto aos problemas de convenção ortográfica, o que se percebe é que o autor do texto trocou duas palavras: 'calção' por 'calsão', e 'cedo' por 'sedo', mas tem conhecimento pleno dos sons utilizados: *s* entre consoante e vogal e no início de palavras tem som de /s/. O erro decorre somente da transgressão de um sistema de convenção ortográfica – aliás, não podemos nos esquecer da falta de sistematicidade do português quanto à grafia do som /s/: há pelo menos nove formas diferentes para marcar esse som – <**s**apo>, <a**ss**a>, <**c**ego>, <de**sc**e>, <a**ç**úcar>, <má**x**imo>, <e**xc**eção>, <cre**sç**a>, <pa**z**>. Para familiarizar o aluno com as convenções da língua, o professor poderia introduzi-lo no universo da escrita oferecendo atividades várias de leitura e de escritura. E sempre que uma dúvida aparecesse, poderia ser uma prática de sala de aula a consulta a um dicionário.

Bortoni-Ricardo (2006) deixa claro que considerar uma transgressão à ortografia como erro não significa entendê-la como uma deficiência do aluno que dê ensejo a críticas ou a um tratamento que o deixe humilhado. O domínio da ortografia é lento e requer muito contato com a modalidade escrita da língua. Dominar bem as regras de ortografia é um trabalho para toda a trajetória escolar e, quem sabe, para toda a vida do indivíduo.

> **Para refletir**
>
> Quando percebemos que um mesmo erro é muito recorrente na escrita, inclusive na de alunos escolarizados e bem-sucedidos na escola, poderíamos nos perguntar se o problema não estaria, na verdade, na ortografia convencionada, em vez de na transgressão da regra. Quantas vezes precisamos recorrer a um dicionário para resolver dúvidas em relação à ortografia?

Do ponto de vista da variação linguística, além do domínio da ortografia, a escola poderia levantar reflexões sobre os "erros" de morfossintaxe (por exemplo, concordância), de sintaxe (por exemplo, regência) e de discurso (por exemplo, marcadores discursivos típicos da oralidade) que aparecem na escrita. No texto do aluno que estamos examinando, encontramos variação na concordância entre o pronome 'nós' e o verbo: ora a concordância aparece marcada, conforme a norma culta da língua, como em 'nós jogamos' e 'nós perdemos', ora o pronome aparece acompanhado de verbo sem flexão marcada de pessoa, nas sentenças 'lá nós não tinha uniforme' e 'pra nós jogar'. Nesses últimos casos, observamos na escrita – como comumente encontramos na fala – uma regularização do paradigma verbal. Notemos que o sujeito 'nós' está preenchido, garantindo assim o significado de P4 às sentenças. Como muitos autores já apontaram, o morfema verbal zero (originariamente de P3) atua como uma espécie de coringa da conjugação verbal em português (tu fala/você fala/a gente fala/nós fala/eles fala). É como se o aluno tivesse recorrido à oralidade para levantar hipóteses sobre a escrita.

3. EM QUE PODE A SOCIOLINGUÍSTICA CONTRIBUIR PARA O ENSINO DE LÍNGUA?

Ao fazermos remissão aos PCN no início deste capítulo, percebemos o quanto o documento é atravessado por pressupostos da Sociolinguística. Tratamos em seguida de reflexões sobre a variação linguística e, neste momento, queremos apresentar algumas contribuições da área para o ensino de língua portuguesa, em especial, referentes à prática do professor-pesquisador. Podemos agora nos questionar: qual a importância de o professor de língua portuguesa conhecer os postulados teóricos da Sociolinguística? Em que essa teoria pode ajudar na prática pedagógica?

A resposta não é difícil, pelo que pudemos notar em nossa rápida passagem pelos PCN. É preciso ter um embasamento teórico consistente acerca da linguagem em seu funcionamento social para poder atuar, de forma competente, na orientação da aprendizagem e na formação contínua do aluno-cidadão. Infelizmente, segundo Faraco (2008: 193), "fica evidente, passados os primeiros dez anos de sua vigência, que eles [os PCN] não foram assimilados pela escola e, por consequência, pouco ou nada têm significado para o seu cotidiano".

Para (in)formar, o professor precisa, antes de tudo, conhecer. Ao propiciar condições para que o aluno saiba "refletir sobre os fenômenos da linguagem, particularmente os que tocam a questão da variedade linguística, combatendo a estigmatização, discriminação e preconceitos relativos ao uso da língua" (Brasil, 1998: 59), o professor precisa, obviamente, saber fazer isso – não de forma superficial, seguindo o senso comum, mas de fato com embasamento científico e domínio conceitual.

O domínio dos postulados sociolinguísticos básicos (e seus desdobramentos e implicações) é o mínimo que se espera do professor de língua portuguesa nos dias atuais. O nível conceitual, de caráter amplo, naturalmente se aplica a todas as línguas naturais.

Nesta seção, vamos focalizar a língua portuguesa, mais especificamente o português do Brasil. A título de ilustração, e como uma forma de revisão do que já estudamos, vamos examinar a variação/mudança no paradigma pronominal, seus encaixamentos e desdobramentos. De todas as mudanças por que passou o português ao longo dos séculos, talvez a pronominal tenha sido a mais significativa. Refletir sobre as formas pronominais antigas e as formas novas é uma das importantes tarefas do professor de língua. Indo nessa mesma direção, Lopes (2007: 116) defende "a apresentação do que é *normal, usual* e *frequente* no português brasileiro, sem perder de vista o que está disponível na nossa literatura, na nossa língua, na nossa história". Iniciamos com a discussão sobre o paradigma pronominal que está veiculado na tradição gramatical e na maioria dos livros didáticos (paradigma 1), confrontando-o com o paradigma usado no português do Brasil atual (paradigma 2), como podemos observar no quadro a seguir.

Quadro 6: Reestruturação do paradigma pronominal.

PESSOAS	PARADIGMA 1	PARADIGMA 2
P1	EU	EU
P2	TU	TU ~ VOCÊ
P3	ELE(A)	ELE(A)
P4	NÓS	NÓS ~ A GENTE
P5	VÓS	VOCÊS
P6	ELES(AS)	ELES

A evidente inovação no paradigma 2 deve-se à entrada das formas pronominais 'você'/'vocês' e 'a gente' na língua portuguesa. As formas pronominais 'tu'/'vós' e 'nós' passaram a conviver com as formas 'você'/'vocês' e 'a gente', respectivamente.

As formas novas 'você'/'vocês' são resultado de um processo de mudança: 'você'/'vocês' advêm do pronome de tratamento de base nominal 'vossa mercê'/'vossas mercês'. Carlos Alberto Faraco, no artigo "O tratamento *você* no português: uma abordagem histórica", afirma que "mudanças nas formas de tratamento estão correlacionadas com mudanças nas relações sociais e valores culturais" (1996: 52). Segundo esse autor, a forma de tratamento 'vossa mercê' começou a aparecer no século XIV no português. Usada inicialmente na aristocracia como forma de tratamento respeitoso, aos poucos foi sendo adotada no tratamento não íntimo mais amplo – inclusive entre a baixa burguesia –, perdendo, gradativamente, seu valor honorífico. Pode-se testemunhar, segundo o autor, que "sempre que uma delas [das formas de tratamento] começava a ter um uso mais geral, escapando de um círculo restrito de usuários, estes a abandonavam por outra" (p. 61) – como um movimento contínuo de redistribuição social das formas. Depois de ampla expansão social a forma foi afetada por um processo conhecido por gramaticalização.

Gramaticalização

É um processo de mudança linguística que se dá através de regularização gradual, pela qual um item frequentemente utilizado em contextos comunicativos particulares adquire função gramatical e pode, uma vez gramaticalizado, adquirir novas funções gramaticais (Hopper e Traugott, 2003). Ou seja, no processo de gramaticalização, um item lexical ou uma construção de uma dada língua passa a assumir uma nova função nessa língua. A frequência de uso de velhos itens em novas categorias no processo de gramaticalização é um componente importante por fixar o novo uso, criando assim certa estabilidade no sistema linguístico.

Alguns dos processos de gramaticalização podem ser observados na passagem: (i) de item lexical a pronome (do substantivo 'gente' ao pronome 'a gente'); (ii) de verbo lexical a verbo auxiliar (de verbo 'ir' de movimento para 'ir' auxiliar, como em "vou cantar", indicando tempo futuro); de advérbios a conjunções (do advérbio 'agora', indicativo de tempo, ao conector 'agora', indicativo de conjunção adversativa), dentre outros.

No percurso de 'vossa mercê'/'vossas mercês' para 'você'/'vocês', a forma de tratamento foi se gramaticalizando →*vansuncê(s)*→*vassucê(s)*→*vacê(s)*→*você(s)*. Nessa passagem, a forma foi gradualmente sofrendo erosão fonética. Em alguns lugares do Brasil, a redução se encontra ainda mais acentuada, como em →*ocê(s)*→*cê(s)*. Vamos entender um pouco mais sobre o percurso dessa forma:

- A forma nominal 'vossas mercês', que estabelece relação de concordância com P6 (como em 'vossas mercês canta*m*'), ao se gramaticalizar para a forma pronominal 'vocês'(P5), continua mantendo uma relação de concordância com o traço formal de P6 (como em 'vocês canta*m*'), e passa a concorrer com 'vós' – pronome já em desuso no português do Brasil, exceto em alguns gêneros discursivos bastante específicos, relacionados basicamente aos campos religioso e jurídico.
- A forma pronominal 'você' (P2) continua mantendo uma relação de concordância com o traço formal originário da flexão verbal (morfema *zero*), do mesmo modo que os demais pronomes de tratamento, como 'vossa excelência', 'vossa senhoria' etc. Assim, persiste a especificação de flexão original, embora a interpretação semântico-discursiva seja de P2. Ao se gramaticalizar, 'você' começa a concorrer com 'tu'.

Ao assumir determinadas propriedades, valores e funções, a forma nominal 'vossa mercê'/'vossas mercês' passa a fazer parte de uma nova categoria (ou classe), a de pronome – ou seja, muda seu estatuto gramatical de nome (item lexical) para pronome (item gramatical).

A forma pronominal 'a gente' também é resultado de um processo de mudança por gramaticalização do nome 'gente' para o pronome 'a gente'. Vejamos agora quais os traços que se mantiveram e os que foram alterados nesse percurso:

- No percurso de gramaticalização, postula-se que 'a gente' resultou do seguinte processo: de 'gente' (nome genérico) para 'a gente' (pronome indefinido) e deste para o pronome pessoal 'a gente' (P4). A forma pronominal (P4) continua mantendo uma relação de concordância com o traço formal originário da flexão verbal (morfema *zero*), porém, a interpretação semântico-discursiva se altera, passando a incluir o falante. A forma 'a gente' integra-se ao sistema pronominal concorrendo com 'nós'.

As mudanças por que passaram essas formas linguísticas não afetaram apenas o paradigma pronominal do caso reto. Esse comportamento híbrido dos pronomes 'você/vocês' e 'a gente', agregando aos traços originários gramaticais traços semânticos de P2/P5 e de P4, respectivamente, acabou provocando uma reestruturação também no paradigma verbal, que passa de seis formas distintivas básicas (paradigma 1) para quatro, três ou apenas duas (paradigma 2), como ilustrado no quadro a seguir.

Quadro 7: Reestruturação do paradigma verbal.

PARADIGMA 1	PARADIGMA 2
EU ANDO/ESCREVO/VOU	EU ANDO/ESCREVO/VOU
TU ANDAS/ESCREVES/VAIS	TU ANDA(S)/ESCREVE(S)/VAI(S) ~ VOCÊ ANDA/ESCREVE/VAI
ELE(A) ANDA/ESCREVE/VAI	ELE(A) ANDA/ESCREVE/VAI
NÓS ANDAMOS/ESCREVEMOS/VAMOS	NÓS ANDA(MOS)/ESCREVE(MOS)/VAI(MOS) ~ A GENTE ANDA(MOS)/ESCREVE(MOS)/VAI(MOS)
VÓS ANDAIS/ESCREVEIS/IDES	VOCÊS ANDA(M)/ESCREVE(M)/VAI(ÃO)
ELES(AS) ANDAM/ESCREVEM/VÃO	ELES ANDA(M)/ESCREVE(M)/VAI(ÃO)

Nesse quadro, o paradigma 1 evidencia a norma padrão lusitana do século XIX, correspondente ao paradigma flexional do verbo regular no tempo presente de primeira, segunda e terceira conjugações. Notemos que, embora algumas de suas formas estejam praticamente em desuso, é esse modelo que aparece ainda na maioria dos livros didáticos e gramáticas tradicionais. O paradigma 2, por sua vez, representa a(s) variedade(s) usada(s) no português contemporâneo. Observemos que as formas 'tu anda', 'nós anda' e 'a gente andamos' são típicas da oralidade em alguns estratos sociais e/ou em algumas regiões do Brasil; no entanto, as formas 'vocês andam', 'você anda' e 'a gente anda' são de uso amplamente generalizado, adentrando a norma culta e sendo bastante frequentes também na escrita. Esse novo paradigma evidencia que, em um mesmo tempo e espaço, diferentes variantes linguísticas podem conviver mescladas, geralmente associadas a diferentes valores sociais.

Vejamos agora como se deu a passagem do paradigma 1 ao paradigma 2:

- A entrada dos pronomes 'você' e 'vocês' em P2 e P5, respectivamente, na maioria das regiões brasileiras, desencadeou uma mudança no paradigma de flexão verbal correspondente, que começou a contar com formas homônimas entre P2 e P3: 'você anda'/'ele(a) anda' e entre P5 e P6: 'vocês andam'/'eles(as) andam';
- A entrada da forma 'a gente' em P4 desencadeia uma competição pronominal na língua com o pronome 'nós'. O uso de 'a gente' aparece com frequência principalmente na língua falada de pessoas mais jovens. Esse novo pronome ('a gente') desencadeia nova alteração no paradigma de flexão verbal, que conta, portanto, com mais uma forma verbal homônima entre P2, P3 e P4: 'você vai'/'ele(a) vai'/'a gente vai';
- A homonímia, observada nos itens 1 e 2, instala gradativamente na língua uma tendência ao preenchimento do sujeito pronominal para evitar a ambiguidade provocada por essas formas verbais. Essa mudança pode ser observada: (i) quando comparamos a fala de pessoas mais jovens e mais velhas, configurando um caso de mudança em tempo aparente; e (ii) quando comparamos textos escritos atuais com registros antigos, evidenciando uma situação de mudança em tempo real.

É importante, ainda, registrar que a entrada dos pronomes 'você', 'vocês' e 'a gente' no português do Brasil não afetou apenas o paradigma dos pronomes retos e a concordância verbal, conforme mostramos até agora. Essas inovações provocaram mudanças em cadeia que afetaram também outros subsistemas pronominais – dos oblíquos (ou clíticos) e dos possessivos. Configura-se, desse modo, o que Labov chama de encaixamento estrutural.

O quadro seguinte apresenta os usos pronominais que encontramos atualmente. Alguns desses usos muitas vezes são combinados, constituindo o que a tradição gramatical chama de "mistura de tratamento".

Quadro 8: Paradigmas pronominais em uso.

	PRONOMES PESSOAIS	PRONOMES OBLÍQUOS (RETOS E TÔNICOS)	PRONOMES POSSESSIVOS
P1	EU	ME, MIM, COMIGO	MEU(S), MINHA(S)
P2	TU ~ VOCÊ	TE, TI CONTIGO, O, A, LHE, SE, DE VOCÊ, COM VOCÊ	TEU(S), TUA(S), SEU(S), SUA(S), DE VOCÊ
P3	ELE(A)	O, A, LHE, SE, SI, CONSIGO, DELE(A), COM ELE(A)	SEU(S), SUA(S), DELE, DELA
P4	NÓS ~ A GENTE	NOS, CONOSCO, COM NÓS, SE, DA GENTE, COM A GENTE	NOSSO(S), NOSSA(S), DA GENTE
P5	VOCÊS	OS, AS, LHES, SE, DE VOCÊS, COM VOCÊS	SEU(S), SUA(S), DE VOCÊS
P6	ELES(AS)	OS, AS, LHES, SE, SI, CONSIGO, DELES(AS), COM ELES(AS)	SEU(S), SUA(S), DELES, DELAS

As principais mudanças pronominais apontadas nesse quadro, com a entrada dos pronomes 'você', 'vocês' e 'a gente' na língua, são as seguintes:
- Na realização do possessivo, as formas 'seu(s)', 'sua(s)' (originariamente de P3 e de P6) assumem também a função de P2 e P5 e a forma possessiva de P3 e de P6 passa a ser, quase categoricamente, a forma genitiva ('dele(s)', 'dela(s)');
- Na realização do oblíquo, os pronomes retos acusativos de P3 e P6 'o(s)' e 'a(s)' assumem também a função de P2 e P5; os retos dativos 'lhe(s)' migram para P2 e P5, assumindo função principalmente de acusativo; e o dativo ganha forma de sintagma preposicionado, como em 'de você(s)', 'da gente';
- Na realização do reflexivo, o pronome 'se' segue tanto a forma 'você' ('você **se** espelha') como a forma 'a gente' ('a gente **se** espelha'), mas ainda é bastante frequente nas formas originárias de P3 ('ele **se** espelha') e de P6 ('eles **se** espelham'). Esse uso do 'se' está bastante generalizado na língua. Como se fosse um coringa, ele acompa-

nha as demais pessoas do discurso também: "eu **se** espelho", "tu **se** espelha(s)", "nós **se** espelhamo(s)".

Em síntese, através dos quadros apontados, podemos observar que as mudanças em cadeia evidenciam a complexidade que envolve os processos de variação e mudança linguística e ressaltam a natureza heterogênea da língua portuguesa nas modalidades oral e escrita.

A seção a seguir trará algumas contribuições práticas para quem é ou será professor de língua portuguesa.

4. UMA PROPOSTA PARA A PRÁTICA DO PROFESSOR-PESQUISADOR

Percebemos neste capítulo o quanto é imprescindível ao ensino de língua portuguesa que o professor conheça os pressupostos sociolinguísticos básicos – retomados no quadro a seguir – para saber operar com as noções de diversidade e variedade que permitem a ampliação da competência sociocomunicativa do aluno para que ele cresça como cidadão.

> *Alguns postulados importantes da Sociolinguística*
> - Todas as línguas humanas são sistemas heterogêneos e a heterogeneidade é ordenada;
> - Existem variações de natureza externa às línguas – regionais, sociais, estilísticas;
> - Existem variações internas nos diferentes níveis linguísticos – lexical, fonológico, morfossintático, discursivo;
> - As variações linguísticas são condicionadas tanto por fatores externos à língua como por fatores internos;
> - A variação pode levar à mudança linguística, mas podemos ter também situações de variação estável;
> - A mudança pode ser acelerada ou retardada devido à avaliação social atribuída pelos falantes a certas variantes.

Como podemos observar, estamos sempre associando o professor ao pesquisador. De fato, não se concebe um professor que não seja também pesquisador, de modo a não ser um mero repetidor de informações ou repassador de conteúdos previamente oferecidos nos manuais didáticos disponíveis em larga escala no mercado.

Do ponto de vista prático, apontamos a seguir algumas ações – que não devem ficar de fora da agenda do professor de língua portuguesa – para trabalhar a realidade sociolinguística brasileira com os alunos, desde o contexto sócio-histórico mais amplo até o contexto da comunidade e da sala de aula. Vale ressaltar que essa discussão não é nova. Muitos linguistas vêm apresentando propostas para a atuação do professor em sala de aula, focalizando a questão da variação linguística.

Vamos às ações!

1. Desenvolver projetos de pesquisa que levem os alunos a:
   a. identificar a regularidade linguística dos fenômenos variáveis, em diferentes níveis (lexical, fonológico, morfossintático, discursivo), presentes na sua comunidade;
   b. entender o funcionamento desses fenômenos variáveis, mediante:
      - a realização de pesquisa bibliográfica, investigando os trabalhos já realizados sobre o assunto, interpretando os resultados e compreendendo as etapas do trabalho até sua conclusão;
      - a realização de entrevistas na comunidade;
      - a construção e aplicação de testes de atitude etc.;
   c. identificar as regras internas da língua que regem a variação encontrada nas entrevistas em diferentes níveis linguísticos, ou seja, os condicionadores internos que explicam a variação;
   d. identificar na transcrição das entrevistas realizadas recursos linguísticos próprios da modalidade oral para que o aluno possa perceber algumas das diferenças entre fala e escrita;
   e. identificar nos resultados dos testes de atitude aplicados o valor social das formas em variação nas comunidades investigadas;
   f. lidar conscientemente com as noções de "certo" e "errado", "adequado" e "inadequado" – tanto na modalidade oral quanto na escrita – que perpassam fenômenos em variação/mudança;
   g. trabalhar a questão da identidade cultural mediada pela língua. Ao fazer parte de determinado grupo, compartilhamos com os pares não só a mesma linguagem, mas também as mesmas atitudes em relação à língua.

2. Analisar textos de publicidade que veiculam qualquer tipo de preconceito linguístico e posicionar-se criticamente frente a eles.
3. Comparar textos de diferentes épocas para perceber a variação/mudança linguística em sincronias passadas.
4. Ensinar a norma culta da língua portuguesa, sem, contudo, desconsiderar as variedades linguísticas que os alunos trazem de casa:
    a. promovendo a ampliação desses conhecimentos, mediante a criação de situações diferenciadas para que os alunos desenvolvam sua competência sociocomunicativa, de modo a saber usar uma variedade ou outra de acordo com as situações de interação. No caso de contextos mais formais e públicos, é a norma culta que é requerida; no caso de contextos menos formais e familiares, a norma vernacular é adequada. Pensemos em como escreveríamos uma peça de teatro na qual há uma personagem pobre, que nunca foi à escola; uma outra que nunca saiu do campo; e uma terceira que mora num bairro rico e sempre frequentou a escola. Como caracterizaríamos, intuitivamente, a fala dessas três personagens? Seria a mesma fala? Onde estariam as diferenças?;
    b. preservando a identidade linguística e cultural dos alunos. O respeito às variedades linguísticas e o combate ao estigma e ao preconceito devem fazer parte do objetivo maior de todas as aulas de língua portuguesa e de todos os conteúdos relativos à norma culta da língua.

***

Ao trazer reflexões e sugestões de como o conhecimento de postulados teórico-metodológicos da Sociolinguística pode contribuir para a prática pedagógica do professor de língua materna, esperamos ter mostrado alguns caminhos que levam a um ensino mais crítico, mais produtivo e menos segregador. Como fechamento deste último capítulo, deixamos mais um recado sobre uma possível aplicação da Sociolinguística na prática pedagógica:

> Nessa direção uma das primeiras tarefas do professor seria reconhecer a realidade sociolinguística da sala de aula e da comunidade onde está atuando, observando, por exemplo, se há mescla de dialetos evidente

entre os alunos, seja dialetos regionais (rural/urbano; nortista/sulista, por exemplo), seja sociais (maior ou menor domínio da norma culta em decorrência de fatores sociais como o nível socioeconômico da família, por exemplo). É importante trabalhar explicitamente com essa realidade da sala de aula, enfatizando a questão da heterogeneidade linguística, comparando as variedades e combatendo preconceitos entre os próprios alunos. Fazer da sala de aula um "laboratório de linguagem" e atribuir aos alunos o papel de "investigadores linguísticos" pode ser uma boa estratégia metodológica para que o ensino de gramática seja significativo e instigante. (Görski e Coelho, 2009)

Leituras complementares:

- O livro *Educação em língua materna: a Sociolinguística na sala de aula*, de Bortoni-Ricardo (2004), traz reflexões importantes sobre a Sociolinguística no ensino de língua portuguesa, com aplicações práticas revestidas de atividades variadas.
- A coletânea *Sociolinguística e ensino: contribuições para a formação do professor de língua*, organizada por Görski e Coelho (2006), reúne 16 ensaios na área da Sociolinguística, trazendo contribuições voltadas à formação do professor de língua.
- O livro *Ensino de gramática: descrição e uso*, organizado por Vieira e Brandão (2007), propõe uma metodologia de ensino de gramática fundamentada em bases científicas, através de práticas descritivas e pedagógicas, levando-se em consideração a heterogeneidade da língua portuguesa.
- No livro *Norma culta brasileira: desatando alguns nós*, Faraco (2008) reúne discussões sobre as diferentes normas linguísticas, com reflexões sobre o processo de imposição e de fixação de uma norma lusitana do século XIX como a norma padrão do Brasil.
- A leitura do artigo "Variação linguística e ensino de gramática", de Görski e Coelho (2009), também é importante para a discussão que este capítulo ensejou. As autoras apresentam algumas questões que envolvem variação e mudança linguística, com implicações diretas no ensino da língua.

Exercícios

1. Vamos ler (e se possível ouvir) com atenção a cantiga "Cuitelinho".

   CUITELINHO
   Cheguei na bera do porto
   onde as onda se espaia.
   As garça dá meia volta,
   senta na bera da praia.
   E o cuitelinho não gosta
   que o botão de rosa caia.

   Quando eu vim de minha terra,
   despedi da parentaia.
   Eu entrei no Mato Grosso,
   dei em terras paraguaia.
   Lá tinha revolução,
   enfrentei fortes bataia.

   A tua saudade corta
   como aço de navaia.
   O coração fica aflito,
   bate uma, a outra faia.
   E os oio se enche d'água
   que até a vista se atrapaia.

   (Cantiga popular brasileira – autor desconhecido)

   Responda:
   a. A cantiga "Cuitelinho" retrata a fala de que estrato social do Brasil?
   b. Na troca dos fonemas de <lh> por <i> nas palavras 'espaia' (por 'espalha'), 'parentaia' (por 'parentalha'), 'bataia' (por 'batalha'), 'navaia' (por 'navalha'), 'faia' (por 'falha'), 'oio' (por 'olho'), 'atrapaia' (por 'atrapalha') a manutenção do significado das palavras é garantida? Poderíamos trocar as variantes não cultas por formas como 'espaza' (por 'espalha'), 'parentaza' (por 'parentalha'), 'bataza' (por 'batalha'), 'navaza' (por 'navalha'), 'faza' (por 'falha'), 'ozo' (por 'olho'), 'atrapaza' (por 'atrapalha')? Se a resposta

163

for sim para a primeira pergunta e não para a segunda, que explicação poderia ser dada para a regra linguística que está por trás da troca regular de <lh> por <i>?

c. Identifiquemos agora o fenômeno de variação na marcação da concordância nominal em casos como:
- as onda (por 'as ondas')
- as garça (por 'as garças')
- terras paraguaia (por 'terras paraguaias')
- fortes bataia (por 'fortes bataias/batalhas')
- os oio (por 'os oios/olhos')

Qual é a regularidade verificada nesses exemplos em variação? Que regra variável sobre a marcação da concordância nominal pode ser formulada a partir desses exemplos? De que maneira poderíamos levar essa discussão sobre a regra variável a nossos alunos em sala de aula?

4. Com base no trecho a seguir, extraído da crônica "Português ou caipirês?", de Dad Squarisi, e considerando as discussões apresentadas neste capítulo sobre norma padrão, norma curta e norma culta, responda a seguinte questão:

> Que língua falamos? A resposta veio das terras lusitanas. Falamos o Caipirês. Sem nenhum compromisso com a gramática portuguesa. Vale tudo: eu era, tu era, nós era, eles era. Por isso não fazemos concordância em frases como 'não se ataca as causas' ou 'vende-se carros'.
> (apud Bagno, 1999: 95-96)

Como você levaria a discussão sobre a "concordância verbal variável" para a sala de aula?

CONSIDERAÇÕES FINAIS

Neste livro, argumentamos que as línguas humanas são sistemas ordenadamente heterogêneos, formados por regras categóricas e variáveis. São sistemas que mudam acompanhados de mudanças na estrutura social. Apresentamos a Teoria da Variação e Mudança, que se preocupa exatamente com a variabilidade desse sistema cambiante, e tentamos responder a uma das grandes questões dessa teoria: *se uma língua tem de ser estruturada para funcionar eficientemente, como ela funciona enquanto a estrutura muda*? A resposta a essa questão parece óbvia, mas não é. Durante o processo de mudança, as línguas humanas continuam a funcionar perfeitamente, justamente porque a variação não é caótica, mas regida por regras.

Mostrar que a variação é inerente ao sistema linguístico, através de fenômenos em variação provenientes de diferentes lugares do Brasil, talvez tenha sido o nosso maior desafio. Trouxemos alguns fenômenos para ilustrar postulados da teoria, outros para explicar o método de coleta de dados, tão caro à Sociolinguística, e ainda outros para servir de reflexão sobre a prática do professor em sala de aula. Nas atividades propostas em cada capítulo, também nos valemos de fenômenos em variação, reforçando os postulados teórico-metodológicos por intermédio de questões e levantamento de hipóteses sobre a descrição da língua portuguesa e sobre o valor social a eles relacionado.

Acreditamos que o entendimento sobre questões como a do preconceito linguístico passa pelo conhecimento dos condicionadores internos que explicam a variação nos diferentes níveis linguísticos e pelo conhecimento dos condicionadores externos que explicam como as formas em variação se encaixam na estrutura social e como elas são avaliadas na sociedade. De um lado, observam-se pressões da língua e, de outro, pressões sociais favorecendo ou desfavorecendo os fenômenos em variação e mudança.

Abordamos no primeiro capítulo, de maneira geral, ideias básicas que fundamentam o conhecimento da Sociolinguística com o propósito de ir, aos poucos, desvelando algumas noções pré-concebidas que eventualmente se tem a respeito dessa área. Mostramos que a língua não é uma estrutura fixa, estando, desse modo, suscetível à variação e à mudança. Além disso, defendemos que a variação observada nas pessoas que usam a língua tem uma influência muito grande na maneira como elas falam e também na maneira como elas avaliam a sua língua e a língua usada pelos outros. Aos poucos apresentamos conceitos importantes à Sociolinguística, como as noções de *variável*, de *variante* e de *condicionador*, para perceber que existem forças que agem sobre a língua para que ela seja do jeito que é.

No segundo capítulo, avançamos a discussão sobre os conceitos teóricos fundamentais da Sociolinguística, questionando a identificação entre sistema (estrutura, organização) e homogeneidade. Mostramos que a língua que falamos nos põe à disposição diferentes formas para expressar os mesmos significados, sem que essa língua perca sua estruturalidade ou seu poder como instrumento de comunicação. Essas diferentes formas em variação e mudança podem ser observadas tanto na diacronia quanto na sincronia. Argumentamos que, conhecendo um pouco da história da Sociolinguística e alguns conceitos teóricos fundamentais, fica-se bem equipado para entender o funcionamento dos fenômenos linguísticos em variação e mudança.

O terceiro capítulo foi voltado ao método de coleta de dados da Sociolinguística. Não se pode entender o funcionamento de fenômenos linguísticos em variação e o desenvolvimento de uma mudança linguística sem levar em conta a vida social da comunidade onde esses fenômenos ocorrem. Vimos os conceitos de *comunidade de fala*, *redes sociais* e *comunidade de práticas* e vimos que não é propriamente o indivíduo que interessa ao pesquisador sociolinguista, mas o grupo social no qual ele vive e com o qual ele interage. A língua nessa perspectiva deve, pois, ser estudada em seu contexto social. Examinamos questões sobre a identificação das etapas de uma pesquisa sociolinguística típica, apresentando alguns dos diferentes tipos de coleta de dados e de bancos de dados linguísticos disponíveis para pesquisa, bem como os passos de uma pesquisa variacionista com a descrição de um fenômeno linguístico variável do português falado no Brasil.

No último capítulo, trouxemos algumas reflexões sobre as contribuições da Sociolinguística para o ensino de língua. Para tanto, nos reportamos inicialmente ao exame dos Parâmetros Curriculares Nacionais. Vimos que os documentos já propõem o combate ao preconceito linguístico, sugerindo que o professor trabalhe de maneira articulada os usos linguísticos, os quais devem ser adequados aos propósitos comunicativos e demandas sociais, e a reflexão sobre a língua em sala de aula. Apresentamos algumas polêmicas com respeito à variação linguística, à noção de norma linguística e de erro na fala e na escrita para, finalmente, apresentarmos algumas contribuições sobre fenômenos em variação e mudança e sugestões metodológicas para o trabalho do professor-pesquisador. Acreditamos que o professor deve conhecer a realidade sociolinguística da sala de aula e da comunidade onde está atuando para poder combater preconceitos linguísticos. Ressaltamos, ainda, que, para (in)formar, o professor precisa, antes de tudo, de embasamento científico e domínio conceitual acerca da linguagem em seu funcionamento social para não levar à sala de aula reflexões de forma superficial, seguindo o senso comum. Finalmente, sugerimos que o professor faça da sala de aula um "laboratório de linguagem", atribuindo aos alunos o papel de "investigadores linguísticos". Essa pode ser uma boa estratégia para que o ensino de língua seja significativo e instigante.

O caminho foi longo e nem sempre fácil, mas, na verdade, este é apenas o começo. As línguas estão aí, à disposição de quem quiser se aventurar em seus mistérios; e o melhor é que, para isso, não precisamos de muito: basta observá-la com atenção e interesse, sem as ideias pré-concebidas que pouco contribuem. Esperamos, enfim, que este livro estimule o leitor a conhecer ainda mais a Sociolinguística e – por que não? – a desenvolver seus próprios estudos na área.

BIBLIOGRAFIA

ABAURRE, M. B. M.; PAGOTTO, E. G. Palatalização das oclusivas dentais no português do Brasil. In: ABAURRE, M. B. M.; RODRIGUES, A. C. S. (orgs.). *Gramática do português falado*: novos estudos descritivos. Campinas: Ed. da Unicamp, v. 8, 2002, pp. 557-601.

AMARAL, L. I. C. *A concordância verbal de segunda pessoa do singular em Pelotas e suas implicações linguísticas e sociais*. Porto Alegre, 2003. Tese (Doutorado em Letras) – Instituto de Letras, UFRGS.

ARDUIN, J.; COELHO, I. L. A variação dos possessivos teu e seu e suas implicações. In: ANDRESEN, P. (org.). *Variação, mudança e contato linguístico no português da região Sul*. Pelotas: educat, 2006, pp. 185-203.

BAGNO, M. *Preconceito linguístico*: o que é, como se faz. 21. ed., São Paulo: Loyola, 1999.

BELINE, R. A variação linguística. In: FIORIN, José Luiz (org.). *Introdução à linguística*: I. Objetos teóricos. São Paulo: Contexto, 2002, pp. 121-40.

BORGES, V. R. *Manuel Pinheiro Chagas leitor crítico de José de Alencar*: a censura e a resposta. Intellèctus, v. IX, pp. 1-17, 2010. Disponível em: <http://www.intellectus.uerj.br/Textos/Ano9n2/10artigovaldeci.pdf>. Acesso em: 19 nov. 2012.

BORTONI-RICARDO, S. M. *Educação em língua materna*: a sociolinguística na sala de aula. São Paulo: Parábola, 2004.

_____. O estatuto do erro na língua oral e na língua escrita. In: GÖRSKI, E.; COELHO, I. L. (orgs.). *Sociolinguística e ensino*: contribuições para a formação do professor de língua. Florianópolis: Ed. da UFSC, 2006, pp. 267-76.

BRASIL. Ministério da Educação e do Desporto. Secretaria de Educação Fundamental. *Parâmetros curriculares nacionais. Língua portuguesa:* ensino de primeira à quarta série. Brasília, DF: MEC/SEF, 1997.

_____. Ministério da Educação e do Desporto. Secretaria de Educação Fundamental. *Parâmetros curriculares nacionais terceiro e quarto ciclos do ensino fundamental:* introdução aos parâmetros curriculares nacionais. Brasília, DF: MEC/SEF, 1998.

CABREIRA, S. H. A monotongação dos ditongos orais decrescentes no sul do Brasil. In: *Organon*, n. 28/29. *Estudos da língua falada*. UFRGS, 2000, pp. 143-55.

CALLOU, D. M. I.; MORAES, J.; LEITE, Y. Variação e diferenciação dialetal: a pronúncia do /r/ no português do Brasil. In: KOCH, I. (org.). *Gramática do português falado,* vol. 6. Campinas: Unicamp, 1996, pp. 465-93.

CAMACHO, R. G. Sociolinguística parte II. In: MUSSALIM, F.; BENTES, A. C. (orgs.). *Introdução à linguística:* domínios e fronteiras. 6. ed., São Paulo: Cortez, 2006, pp. 49-75.

CÂMARA Jr., J. M. *Estrutura da língua portuguesa*. Petrópolis: Vozes, 1987 [1970].
COELHO, I. L.; GÖRSKI, E. M.; MAY, G. H.; SOUZA, C. M. N de. *Sociolinguística*. Florianópolis: DLLV/CCE/UFSC, 2010.
DUARTE, M. E. L. Clítico acusativo, pronome lexical e categoria vazia no português do Brasil. In: TARALLO, F. (org.). *Fotografias sociolinguísticas*. Campinas: Pontes, 1989, pp. 19-34.
ECKERT, P. (ay) Goes to the City: Exploring the Expressive Use of Variation. In: GUY, G.; FEAGIN, C.; SCHIFFRIN, D.; BAUGH, J. (eds.). *Towards a Social Science of Language* – Papers in Honor of William Labov. Amsterdam/Philadelphia: John Benjamins Publishing Company, v. 1, 1996, pp. 47-68. Variation and Change in Language and Society.
FARACO, A. C. O tratamento *você* em português: uma abordagem histórica. *Fragmenta*, n. 13, Curitiba: Editora UFPR, 1996, pp. 51-82.
_____. *Linguística histórica*: uma introdução ao estudo da história das línguas. São Paulo: Parábola, 2005.
_____. *Norma culta brasileira*: desatando alguns nós. São Paulo: Parábola, 2008.
GÖRSKI, E. M. Motivações discursivas em competição na ordenação de orações temporais. *Letras de Hoje*, v. 35. Porto Alegre: PUC-RS, 2000, pp. 97-120.
GÖRSKI, E. M.; COELHO, I. L. (orgs.). *Sociolinguística e ensino*: contribuições para a formação do professor de língua. Florianópolis: Ed. da UFSC, 2006.
_____. Variação linguística e ensino de gramática. *Working Papers em Linguística*, Florianópolis, 2009.
GUY, G. As comunidades de fala: fronteiras internas e externas. *Anais da Abralin*, 2001.
_____; ZILLES, A. M. S. *Sociolinguística quantitativa:* instrumental de análise. São Paulo: Parábola, 2007.
HOPPER, P.; TRAUGOTT, E. *Grammaticalization*. Cambridge, UK: Cambridge University Press, 2003.
ILARI, R.; BASSO, R. M. *O português da gente:* a língua que estudamos, a língua que falamos. 2. ed. São Paulo: Contexto, 2011.
LABOV, W. *Sociolinguistic Patterns*. Philadelphia: University of Pennsylvania Press, 1972.
_____. Where Does the Linguistic Variable Stop? A Response to Beatriz Lavandera. *Working Papers in Sociolinguistics*, 44, 1978.
_____. Building on Empirical Foundations. In: LEHMANN, W.; MALKIEL, Y. (eds.). *Perspectives on Historical Linguistics*. Amsterdam/Philadelphia: John Benjamins, 1982, pp. 17-92.
_____. The Anatomy of Style-Shifting. In: ECKERT, P.; RICKFORD, J. R. (eds.). *Style and Sociolinguistic Variation*. Cambridge University Press, 2001, pp. 85-108.
_____. *Padrões sociolinguísticos*. Tradução de M. Bagno, M. M. P. Scherre e C. R. Cardoso. São Paulo: Parábola, 2008 [1972].
_____. *Principles of Linguistic Change*. Volume III: Cognitive and Cultural Factors. Oxford: Wiley-Blackwell, 2010.
LAVANDERA, B. Where does the Sociolinguistic Variable Stop? In: *Sociolinguistic Working Paper*, n. 40, Stanford University, Texas, 1977.
LEMLE, M.; NARO, A. *Competências básicas do português*. Rio de Janeiro: Mobral/ Fund. Ford, 1977.
LOPES, C. R. Pronomes pessoais. In: VIEIRA, S. R.; BRANDÃO, S. F. *Ensino de gramática*: descrição e uso. São Paulo: Contexto, 2007.
LUCCA, N. N. G. *A variação tu/você na fala brasiliense*. Brasília, 2005. Dissertação (Mestrado) – UnB.
MARTINS, M. A. *Competição de gramáticas do português na escrita catarinense dos séculos 19 e 20*. Florianópolis, 2009. Tese (Doutorado em Linguística) – UFSC.
MOLLICA, M. C. A regência variável do verbo *ir* de movimento. In: OLIVEIRA E SILVA, G. M. de; SCHERRE, M. M. P. (orgs.). *Padrões sociolinguísticos:* análise de fenômenos variáveis do português falado na cidade do Rio de Janeiro. Rio de Janeiro: Tempo Brasileiro, 1996, pp. 147-67.
_____. Influência dos fatores sociais sobre a regência variável do verbo *ir* de movimento. In: OLIVEIRA E SILVA, G. M. de; SCHERRE, M. M. P. (orgs.). *Padrões sociolinguísticos*: análise de fenômenos variáveis do português falado na cidade do Rio de Janeiro. Rio de Janeiro: Tempo Brasileiro, 1996, pp. 283-293.
_____. Fundamentação teórica: conceituação e delimitação. In: MOLLICA, M. C.; BRAGA, M. L. (orgs.). *Introdução à Sociolinguística*: o tratamento da variação. 3. ed. São Paulo: Contexto, 2008, pp. 9-14.

_____; BRAGA, M. L. (orgs.). *Introdução à Sociolinguística*: o tratamento da variação. 3 ed. São Paulo: Contexto, 2008.
MONARETTO, V. O apagamento da vibrante pós-vocálica nas capitais do sul do Brasil. *Letras de Hoje*, Porto Alegre, v. 35, março, 2000, pp. 275-84.
_____. A vibrante pós-vocálica em Porto Alegre. In: BISOL, L.; BRESCANCINI, C. (orgs.). *Fonologia e variação*: recortes do português brasileiro. Porto Alegre: EdiPUCRS, 2002, pp. 253-68.
MONGUILHOTT, I. de O. e S. *Variação na concordância verbal de terceira pessoa do plural na fala dos florianopolitanos*. Florianópolis, 2001. Dissertação (Mestrado em Linguística) – UFSC.
_____. *Estudo sincrônico e diacrônico da concordância verbal de terceira pessoa do plural no PB e no PE*. Florianópolis, 2009. Tese (Doutorado em Linguística) – UFSC.
NARO, A. J. The social and structural dimensions of a syntactic change. *Language*, 57, 1981, pp. 63-98.
_____. O dinamismo das línguas. In: MOLLICA, M. C.; BRAGA, M. L. (orgs.). *Introdução à Sociolinguística*: o tratamento da variação. São Paulo: Contexto, 2008.
_____. Modelos quantitativos e tratamento estatístico. In: MOLLICA, M. C.; BRAGA, M. L. (orgs.). *Introdução à Sociolinguística: o tratamento da variação*. 3. ed. São Paulo: Contexto, 2008, pp. 15-25.
NASCENTES, A. *Bases para a elaboração do Atlas Linguístico do Brasil*. Rio de Janeiro: Ministério da Educação e Cultura, Casa de Rui Barbosa, 1958.
PAGOTTO, E. G. *Norma e condescendência*: ciência e pureza. *Línguas e Instrumentos Linguísticos* (2). Campinas: Pontes, 1998, pp. 49-68.
_____. *Variação e Identidade*. Campinas, 2001. Tese (Doutorado em Linguística) – Unicamp.
_____. A norma das constituições e a constituição da norma no século XIX. *Revista Letra. Linguagem & Preconceito*. Rio de Janeiro, 2013, pp. 31-50.
PAIVA, M. da C. O percurso da monotongação de [ey]: observações em tempo real. In: PAIVA, M da C; DUARTE, M. E. (orgs.). *Mudança linguística em tempo real*. Rio de Janeiro: Contra capa e Faperj, 2003, pp. 31-46.
_____. Atuação das variáveis sociais na supressão das semivogais anteriores nos ditongos decrescentes. In: SILVA, G. M. de O.; SCHERRE, M. M. P. (orgs.). *Padrões sociolinguísticos*. Rio de Janeiro: Tempos Linguísticos, 1996, pp. 325-33.
PAIVA, M. da C. de; DUARTE, M. E. L. (orgs.). *Mudança linguística em tempo real*. Rio de Janeiro: Contra Capa, 2003.
PINTZUK, S. *Varbrul programs*, 1988.
ROST SNICHELOTTO, C. *"Olha" e "vê"*: caminhos que se entrecruzam. Florianópolis, 2009. Tese (Doutorado em Linguística) – UFSC.
SANKOFF, D.; TAGLIAMONTE, S. A.; SMITH, E. *Goldvarb Lion*: a multivariate analysis application. Toronto: Department of Linguistics; Ottawa: Department of Mathematics, 2012. Disponível em: <http://individual.utoronto.ca/tagliamonte/goldvarb.htm>. Acesso em: 11 out. 2012.
SCHERRE, M. M. P. Sobre a influência de variáveis sociais na concordância nominal. In: SILVA, G. M. de O.; SCHERRE, M. M. P. (orgs.). *Padrões sociolinguísticos*. Rio de Janeiro: Tempos Linguísticos, 1996, pp. 239-64.
_____; NARO, A. J. A concordância de número no português do Brasil: Um caso típico de variação inerente. In: HORA, D. (org.). *Diversidade linguística no Brasil*. João Pessoa: Ideia, 1997, pp. 93-115.
_____; _____. Análise quantitativa e tópicos de interpretação do Varbrul. In: MOLLICA, M. C.; BRAGA, M. L. (orgs.). *Introdução à Sociolinguística: o tratamento da variação*. 3. ed. São Paulo: Contexto, 2008, pp. 147-77.
SILVA, F. de S. O processo de monotongação em João Pessoa. In: HORA, D. da (org.). *Estudos sociolinguísticos*: perfil de uma comunidade. João Pessoa: Gráfica Editora Pallotti, 2004.
SILVA, G. M. de O.; SCHERRE, M. M. P. (orgs.). *Padrões sociolinguísticos*. Rio de Janeiro: Tempos Linguísticos, 1996.
SILVA-BRUSTOLIN, A. K. *Itinerário do uso e variação de nós e a gente em textos escritos e orais de alunos do ensino fundamental da rede pública de Florianópolis*. Florianópolis, 2009. Dissertação (Mestrado em Linguística) – UFSC.

SQUARISI, D. *Português ou caipirês*. Disponível em: <http://insonia-e-ironia.blogspot.com.br/2008/09/portugus-ou-caipirsdad-squarisifiat-lux.html>. Acesso em: 14 out. 2012.

SPESSATO, M. B. *Variação linguística e ensino*: por uma educação linguística democrática. Florianópolis, 2011. Tese (Doutorado em Educação) – Universidade Federal de Santa Catarina.

TARALLO, F. *A pesquisa sociolinguística*. São Paulo: Ática, 1985.

_____. Diagnosticando uma gramática brasileira: o português d'aquém e d'além mar no final do século XIX. In: ROBERTS, I.; KATO, M. (orgs.). *Português brasileiro*: uma viagem diacrônica. Campinas: Editora da Unicamp, 1993, pp. 207-22.

TAVARES, M. A. *A gramaticalização de* e, aí, daí *e* então: estratificação/variação e mudança no domínio funcional da sequenciação retroativo-propulsora de informações – um estudo sociofuncionalista. Florianópolis, 2003. Tese (Doutorado em Linguística) – UFSC.

VALLE, C. R. M. *Sabe? ~ não tem? ~ entende?*: itens de origem verbal em variação como requisitos de apoio discursivo Florianópolis, 2001. Dissertação (Mestrado em Linguística) – UFSC.

VIEIRA, S. R.; BRANDÃO, S. F. *Ensino de gramática*: descrição e uso. São Paulo: Contexto, 2007.

ZILLES, A. M. S.; MAYA, L. Z.; SILVA, K. Q. A concordância verbal com a primeira pessoa do plural em Panambi e Porto Alegre, RS. *Organon*, 14, n. 28-29, 2000, pp. 195-219.

WEINER, J.; LABOV, W. Constraints on the Agentless Passive. *Journal of Linguistics*, n. 19, 1983 [1977].

WEINREICH, U; LABOV, W.; HERZOG, M. Empirical Foundations for a Theory of Language Change. In: LEHMAN, P.; MALKIEL, Y. (eds.). *Directions for Historical Linguistics*. Austin, University of Texas Press, 1968.

_____. *Fundamentos empíricos para uma teoria da mudança linguística*. Tradução de M. Bagno. São Paulo: Parábola, 2006 [1968].

OS AUTORES

Izete Lehmkuhl Coelho é doutora em Linguística pela Universidade Federal de Santa Catarina (2000) e pesquisadora nível 2 do CNPq. Desenvolveu estudos de pós-doutorado em Linguística na Unicamp, de 2005 a 2006. É professora de Língua Portuguesa da UFSC desde 1992. Atualmente, é coordenadora regional do Núcleo Interinstitucional de Pesquisa Varsul (Variação Linguística da Região Sul), na agência da UFSC, e coordenadora do projeto Para a História do Português Brasileiro de Santa Catarina (PHPB-SC). Atua nas áreas de Sociolinguística e Linguística Histórica, com ênfase em estudos sincrônicos e diacrônicos de variação na sintaxe.

Edair Maria Görski é doutora em Linguística pela Universidade Federal do Rio de Janeiro (1994). Atualmente, é professora adjunta IV (aposentada/voluntária) da Universidade Federal de Santa Catarina, atuando no Programa de Pós-Graduação em Linguística da UFSC, nas áreas de Sociolinguística (linha de pesquisa Variação e/ou Mudança Linguística) e Teoria e Análise Linguística (linha de pesquisa Cognição e Uso). É integrante do Núcleo Interinstitucional de Pesquisa Varsul e do PHPB-SC. Seus campos de interesse são o da variação e mudança linguística, com ênfase em gramaticalização, e ensino de língua.

Christiane Maria N. de Souza é graduada em Letras pela Universidade Federal de Santa Catarina (2007) e é mestre em Linguística pela mesma instituição (2011). Atualmente, é doutoranda pelo Programa de Pós-Graduação em Linguística da UFSC. Integra o Núcleo Interinstitucional de Pesquisa Varsul e o PHPB-SC. Concentra seus estudos na área de Sociolinguística, dedicando-se, em especial, à investigação da relação entre as formas de tratamento do interlocutor e a dimensão estilística da variação linguística. Interessa-se, também, pela relação língua-identidade, sobretudo na fala da cidade de Florianópolis (SC).

Guilherme Henrique May é bacharel e licenciado em Letras – Língua Portuguesa e Literaturas de Língua Portuguesa pela Universidade Federal de Santa Catarina (UFSC). É mestre em Linguística pela mesma instituição, tendo desenvolvido pesquisa sobre aspectos teóricos da obra laboviana, na área de Sociolinguística. Tem experiência como docente de ensino superior, nas modalidades presencial e a distância. Atualmente, é servidor técnico-administrativo/revisor de textos na UFSC, atuando também como tradutor.

GRÁFICA PAYM
Tel. [11] 4392-3344
paym@graficapaym.com.br